中华人民共和国
公司法

大字学习版

中国法制出版社
CHINA LEGAL PUBLISHING HOUSE

定价：25.00元

图书在版编目（CIP）数据

中华人民共和国公司法：大字学习版 / 中国法制出版社编．—北京：中国法制出版社，2022.1
（法律法规大字学习版）
ISBN 978-7-5216-2334-5

Ⅰ．①中…　Ⅱ．①中…　Ⅲ．①公司法-中国　Ⅳ．①D922.291.91

中国版本图书馆 CIP 数据核字（2021）第 256263 号

责任编辑：李连宇　　封面设计：李　宁

中华人民共和国公司法：大字学习版
ZHONGHUA RENMIN GONGHEGUO GONGSIFA：DAZI XUEXIBAN

编者/中国法制出版社
经销/新华书店
印刷/三河市国英印务有限公司
开本/880 毫米×1230 毫米　32 开　　印张/ 5.25　字数/ 87 千
版次/2022 年 1 月第 1 版　　2022 年 1 月第 1 次印刷

中国法制出版社出版
书号 ISBN 978-7-5216-2334-5　　定价：25.00 元

北京市西城区西便门西里甲 16 号西便门办公区
邮政编码：100053　　传真：010-63141852
网址：http：//www.zgfzs.com　　编辑部电话：010-63141813
市场营销部电话：010-63141612　　印务部电话：010-63141606

（如有印装质量问题，请与本社印务部联系。）

编辑说明

全民普法是全面依法治国的长期基础性工作。为方便广大读者学习法律法规，中国法制出版社全新编写了“法律法规大字学习版”丛书。在确保法律文本准确的基础上，对法条内容进行了必要的编辑加工，体例新颖，内容翔实，以帮助广大读者学习法律法规，真正让法律走到读者身边、走进读者心里。

本丛书的特点如下：

1. 大字醒目。正文法条内容通过双色印刷、大字号、宽行距等精心设计，版式舒朗，阅读顺畅，致力于为读者带来更佳的阅读体验。

2. 双色标注。对法条以双色、星级及波浪线等形式标注，既能有效消除读者对复杂、烦琐法条的畏难心理，又能帮助读者迅速把握法律法规的脉络。

3. 关联注释。在法条下方标注【相关法条】，方便读者查找翻阅关联内容，举一反三，融会贯通；同时对不易理解的法条，通过【注释】【生活小案例】【典型案例】【小测试】等版块设计，从立法背景、内容要义、实践应用等多维度帮助读者理解法条，力求帮助读者学懂弄通会用。

4. 实用图表。立足读者实际需求，以图表形式对所收录的法律法规重点内容进行总结提炼，贴近生活，通俗易懂，帮助读者更加直观地理解核心条款。

5. 电子增补。为了帮助读者随时掌握法律法规的最新动态，本丛书将适时进行电子增补，请读者登录中国法制出版社网站 http://www.zgfzs.com “资源下载”频道或者关注我社官方微信公众号“中国法制出版社”免费下载。

中国法制出版社

凡　例

简　称	全　称
保险法	中华人民共和国保险法
公司法	中华人民共和国公司法
公司法解释（一）	最高人民法院关于适用《中华人民共和国公司法》若干问题的规定（一）
公司法解释（二）	最高人民法院关于适用《中华人民共和国公司法》若干问题的规定（二）
公司法解释（三）	最高人民法院关于适用《中华人民共和国公司法》若干问题的规定（三）
公司法解释（四）	最高人民法院关于适用《中华人民共和国公司法》若干问题的规定（四）

续表

简　称	全　称
公司法解释（五）	最高人民法院关于适用《中华人民共和国公司法》若干问题的规定（五）
合伙企业法	中华人民共和国合伙企业法
劳动法	中华人民共和国劳动法
民法典	中华人民共和国民法典
民诉解释	最高人民法院关于适用《中华人民共和国民事诉讼法》的解释
企业破产法	中华人民共和国企业破产法
商业银行法	中华人民共和国商业银行法
刑法	中人民共和国刑法
证券法	中华人民共和国证券法

目　录

中华人民共和国公司法

（1993 年 12 月 29 日第八届全国人民代表大会常务委员会第五次会议通过　根据 1999 年 12 月 25 日第九届全国人民代表大会常务委员会第十三次会议《关于修改〈中华人民共和国公司法〉的决定》第一次修正　根据 2004 年 8 月 28 日第十届全国人民代表大会常务委员会第十一次会议《关于修改〈中华人民共和国公司法〉的决定》第二次修正　2005 年 10 月 27 日第十届全国人民代表大会常务委员会第十八次会议修订　根据 2013 年 12 月 28 日第十二届全国人民代表大会常务委员会第六次会议《关于修改〈中华人民共和国海洋环境保护法〉等七部法律的决定》第三次修正　根据 2018 年 10 月 26 日第十三届全国人民代表大会常务委员会第六次会议《关于修改〈中华人民共和国公司法〉的决定》第四次修正）

第一章 总 则

第一条 【立法宗旨】[1] 为了规范公司的组织和行为，保护公司、股东和债权人的合法权益，维护社会经济秩序，促进社会主义市场经济的发展，制定本法。

★★ **第二条 【调整对象】**本法所称公司是指依照本法在中国境内设立的有限责任公司和股份有限公司。

注释

1. 我国《公司法》规定的公司组织形式只有有限责任公司和股份有限公司，我国没有无限责任公司和两合公司。

2. 依法设立，是指公司组织形式符合公司法规定，并在我国境内设立登记。依照境外法律在境外设立登记的公司属于外国公司。

★★ **第三条 【法人财产权及股东责任】**公司是企业法人，有独立的法人财产，享有法人财产权。公司以其全部财产对公司的债务承担责任。

有限责任公司的股东以其认缴的出资额为限对公

① 本书条文主旨为编者所加，下同。

司承担责任；股份有限公司的股东以其认购的股份为限对公司承担责任。

注释

1. 依据《民法典》的相关规定，公司是营利法人。营利法人包括有限责任公司、股份有限公司和其他企业法人。

2. 公司有独立的法人财产是公司独立性的表现。公司的独立性包括：公司有独立的名称，公司有独立的财产，公司有独立的组织机构，公司能够独立从事交易并独立承担民事责任。

3. 公司以其全部财产对其债务承担责任，而非注册资本。这说明公司对外承担的其实是无限责任。承担有限责任的是股东。

★★ **第四条　【股东权利】**公司股东依法享有资产收益、参与重大决策和选择管理者等权利。

★ **第五条　【公司义务及权益保护】**公司从事经营活动，必须遵守法律、行政法规，遵守社会公德、商业道德，诚实守信，接受政府和社会公众的监督，承担社会责任。

公司的合法权益受法律保护，不受侵犯。

注释

1. 本条第1款规定了公司应当履行的义务。

2. 本条第2款规定了公司在经营活动中的合法权益不受侵犯。

★ **第六条 【公司登记】** 设立公司，应当依法向公司登记机关申请设立登记。符合本法规定的设立条件的，由公司登记机关分别登记为有限责任公司或者股份有限公司；不符合本法规定的设立条件的，不得登记为有限责任公司或者股份有限公司。

法律、行政法规规定设立公司必须报经批准的，应当在公司登记前依法办理批准手续。

公众可以向公司登记机关申请查询公司登记事项，公司登记机关应当提供查询服务。

注释

1. 公司设立必须经登记机关登记。

2. 符合公司法规定，经申请人申请，登记机关就予以登记，公司就可以成立。例外是有规定必须报经批准的需批准。

3. 公司登记事项面向公众公开。

★ **第七条 【营业执照】** 依法设立的公司，由公司登记机关发给公司营业执照。公司营业执照签发日期为公司成立日期。

公司营业执照应当载明公司的名称、住所、注册资本、经营范围、法定代表人姓名等事项。

公司营业执照记载的事项发生变更的，公司应当依法办理变更登记，由公司登记机关换发营业执照。

注释

1. 公司成立的日期为营业执照签发日期。公司成立之前不具有企业法人资格，不能以公司名义对外参与民事活动。

2. 本条第 2 款规定了营业执照需要载明的事项。

3. 变更登记事项需要向登记机关提出变更申请。

★★ **第八条　【公司名称】**依照本法设立的有限责任公司，必须在公司名称中标明有限责任公司或者有限公司字样。

依照本法设立的股份有限公司，必须在公司名称中标明股份有限公司或者股份公司字样。

★ **第九条　【公司性质变更】**有限责任公司变更为股份有限公司，应当符合本法规定的股份有限公司的条件。股份有限公司变更为有限责任公司，应当符合本法规定的有限责任公司的条件。

有限责任公司变更为股份有限公司的，或者股份有限公司变更为有限责任公司的，公司变更前的债权、债务由变更后的公司承继。

注释

公司形式可以依法变更。有限公司可以转股份公司，股份公司也可以转有限公司。公司组织形式变更后债权和债务由变更后的公司承继。

★ **第十条　【公司住所】**公司以其主要办事机构所在地为住所。

注释

住所是指民事主体确定管辖和其他重要法律事实的地点。公司登记的住所只能有一个。设立公司所需要的住所，既可以是股东拥有产权的建筑、房屋，也可以是通过租赁取得使用权的建筑、房屋。且登记为住所的房屋必须已办理了所有权证，并且其所有权证上载明的用途必须与公司的经营活动相一致。

☞ **相关法条**

《民法典》第63条

《民诉解释》第3条

★★ **第十一条　【公司章程】**设立公司必须依法制定公司章程。公司章程对公司、股东、董事、监事、高级管理人员具有约束力。

注释

1. 公司章程是指公司股东制定的对公司、股东、董事、监事、高级管理人员具有约束力的法律文件。

2. 公司必须制定公司章程。公司章程由公司股东制定，并由多数股东同意通过。

★★ **第十二条 【经营范围】**公司的经营范围由公司章程规定，并依法登记。公司可以修改公司章程，改变经营范围，但是应当办理变更登记。

公司的经营范围中属于法律、行政法规规定须经批准的项目，应当依法经过批准。

注释

企业的经营范围应当与章程或者合伙协议相一致。

☞ **相关法条**

《民法典》第505条

★ **第十三条 【法定代表人】**公司法定代表人依照公司章程的规定，由董事长、执行董事或者经理担任，并依法登记。公司法定代表人变更，应当办理变更登记。

注释

1. 公司法定代表人是指依照公司章程规定，代表公司行使法定职权的公司负责人。

2. 公司的法定代表人只能由董事长、执行董事或者经理担任，不能由这三者之外的人员担任。

3. 公司的法定代表人须登记并对外公示，以产生对抗善意第三人的效力。

4. 法定代表人变更须办理变更登记。

☆☆ **第十四条　【分公司与子公司】**公司可以设立分公司。设立分公司，应当向公司登记机关申请登记，领取营业执照。分公司不具有法人资格，其民事责任由公司承担。

公司可以设立子公司，子公司具有法人资格，依法独立承担民事责任。

注释

分公司与子公司的区别：

1. 设立方式不同

子公司一般是由包括公司在内的两个以上股东按照《公司法》的规定设立，注册应当符合《公司法》对设立条件及投资方式的规定，并到市场监督管理部门领取《企业法人营业执照》，子公司的名称最后一般是某某有限责任公司或某某股份有限公司。

公司设立分支机构，一般是由总公司在其住所地之外向当地市场监督管理机关提出设立申请，领取《营业执照》，分公司的名称最后都是某某分公司。

2. 法律地位不同

子公司具有法人资格，拥有独立的名称、公司章程和组织机构，对外以自己的名义从事经营活动，并可以在其自身经营范围内独立开展各种业务活动、从事各类民事活动，独立承担公司行为所带来的一切后果和责任。但涉及公司利益的重大决策或重大人事安排，仍须由母公司决定。

分公司是由总公司在其住所地之外向当地市场监督管理部门提请设立的，其属于总公司的分支机构，不具有法人资格，无独立的名称、公司章程和组织机构，虽可以独立开展业务活动，但必须以总公司分支机构的名义从事经营活动，且只能在公司授权范围内进行。

3. 受控制方式不同

母公司对子公司一般不直接控制，多采用间接控制方式，即通过作出投资决策以及任免子公司董事会成员来影响子公司的生产经营活动。

分公司则不然，其财产、业务、人事受总公司直接控制，并只能在总公司的经营范围内从事经营活动。

4. 承担债务责任方式不同

子公司具有法人资格，其以自身全部财产为其经营活动中产生的债务承担责任。分公司不仅无独立财产，且在财务上须与总公司统一核算，分公司在经营活动中产生的债务，总公司必须以其全部财产为限承担清偿责任。

5. 诉讼中的法律效果不同

我国法人制度的基本精神是法人仅以其自身财产承担民事责任，因子公司是独立法人，故子公司只须以其自身资产为限承担民事责任，除出资人（即子公司的各股东）出资不实或出资后抽逃资金外，无法清偿的部分出资人无须另行承担。

分公司不是独立法人，业务开展过程中出现不能履行债务的情形时，债权人可以要求总公司承担清偿义务，在诉讼中可直接以总公司为被告要求其承担责任。

生活小案例

玮平公司是一家从事家具贸易的有限责任公司，注册地在北京，股东为张某、刘某、姜某、方某四人。公司成立2年后，拟设立分公司或子公司以开拓市场。若玮平公司设立分公司，应当向公司登记机关申请登记，领取营业执照，但该分公司不具有法人资格，不能独立承担民事责任；若玮平公司设立子公司，即使是全资子公司，该子公司亦依法独立承担民事责任。

☞ **相关法条**

《民诉解释》第 52 条、第 53 条

☆☆ **第十五条　【转投资】**公司可以向其他企业投资；但是，除法律另有规定外，不得成为对所投资企业的债务承担连带责任的出资人。

☞ **相关法条**

《合伙企业法》第 3 条

☆ **第十六条　【公司担保】**公司向其他企业投资或者为他人提供担保，依照公司章程的规定，由董事会或者股东会、股东大会决议；公司章程对投资或者担保的总额及单项投资或者担保的数额有限额规定的，不得超过规定的限额。

公司为公司股东或者实际控制人提供担保的，必须经股东会或者股东大会决议。

前款规定的股东或者受前款规定的实际控制人支配的股东，不得参加前款规定事项的表决。该项表决由出席会议的其他股东所持表决权的过半数通过。

注释

本条是对公司对外转投资及提供担保的相关规定，目的是防止对公司有直接控制权的管理人员以牺牲公司利益的方式对外转投资或提供担保。

★ **第十七条　【权益保护与职业教育】**公司必须保护职工的合法权益，依法与职工签订劳动合同，参加社会保险，加强劳动保护，实现安全生产。

公司应当采用多种形式，加强公司职工的职业教育和岗位培训，提高职工素质。

注释

本条是关于公司对职工应尽的义务的规定，同时也规定了公司对职工职业教育、岗位培训等方面应承担的责任。

☞ **相关法条**

《劳动法》第2条、第3条

第十八条　【工会与职工代表大会】公司职工依照《中华人民共和国工会法》组织工会，开展工会活动，维护职工合法权益。公司应当为本公司工会提供必要的活动条件。公司工会代表职工就职工的劳动报酬、工作时间、福利、保险和劳动安全卫生等事项依法与公司签订集体合同。

公司依照宪法和有关法律的规定，通过职工代表大会或者其他形式，实行民主管理。

公司研究决定改制以及经营方面的重大问题、制定重要的规章制度时，应当听取公司工会的意见，并通过职工代表大会或者其他形式听取职工的意见和建议。

第十九条　【党组织】在公司中，根据中国共产党章程的规定，设立中国共产党的组织，开展党的活动。公司应当为党组织的活动提供必要条件。

★★ **第二十条　【股东禁止行为】**公司股东应当遵守法律、行政法规和公司章程，依法行使股东权利，不得滥用股东权利损害公司或者其他股东的利益；不得滥用公司法人独立地位和股东有限责任损害公司债权人的利益。

公司股东滥用股东权利给公司或者其他股东造成损失的，应当依法承担赔偿责任。

公司股东滥用公司法人独立地位和股东有限责任，逃避债务，严重损害公司债权人利益的，应当对公司债务承担连带责任。

注释

1. 股东行使股东权利须依法依规。

2. 公司股东不得滥用股东权利损害公司利益和其他股东权利。

3. 滥用股东权利的股东有可能要承担连带责任。这便是“公司人格否认”制度。

★ **第二十一条　【关联交易】**公司的控股股东、实际控制人、董事、监事、高级管理人员不得利用其关联关系损害公司利益。

违反前款规定，给公司造成损失的，应当承担赔偿责任。

注释

本条是对限制大股东及公司高级管理人员与公司进行关联交易的规定。值得注意的是，我国对关联交易并非一律禁止，因为一方面，关联交易不能完全避免，另一方面，《公司法》第 148 条也规定了，董事等高管人员在依据章程的规定或股东会、股东大会同意的前提下可以与公司进行交易。

☞ **相关法条**

《公司法》第 148 条

《公司法解释（五）》第 1、2 条

☆☆ **第二十二条　【公司决议的无效或被撤销】**公司股东会或者股东大会、董事会的决议内容违反法律、行政法规的无效。

股东会或者股东大会、董事会的会议召集程序、表决方式违反法律、行政法规或者公司章程，或者决议内容违反公司章程的，股东可以自决议作出之日起六十日内，请求人民法院撤销。

股东依照前款规定提起诉讼的，人民法院可以应公司的请求，要求股东提供相应担保。

公司根据股东会或者股东大会、董事会决议已办理变更登记的，人民法院宣告该决议无效或者撤销该决议后，公司应当向公司登记机关申请撤销变更登记。

注释

1. 决议无效的法定要件是其内容违反法律、行政法规，违反即当然无效，因此值得注意的是，公司法对提起决议无效之诉的原告资格和起诉时间没有特别限制。

2. 撤销决议之诉有60天的限制。

3. 公司办理变更登记，在宣告决议无效或撤销决议之后，伴随的后果是申请撤销变更登记。

☞ 相关法条

《公司法解释（一）》第3条

《公司法解释（四）》第1~6条

《公司法解释（五）》第4条

▶▶小测试◀◀ *①

1. 公司以其注册登记地为住所。(　　)

2. 关于分公司和子公司，下列说法错误的是：(　　)

   A. 公司可以设立分公司和子公司

   B. 设立分公司，应当向公司登记机关申请登记，领取营业执照

   C. 子公司具有法人资格，依法独立承担民事责任

   D. 分公司具有法人资格，依法独立承担民事责任

3. 公司的法定代表人依照公司章程的规定，由（　　）、（　　）或者（　　）担任，并依法登记。

   A. 董事长　　　　B. 执行董事

   C. 经理　　　　D. 股东

4. 公司可以向其他企业投资，但除法律另有规定外，不得成为对所投资企业的债务承担____责任的出资人。

* 本书小测试依次设置判断、选择、填空三种题型。

① 【答案】1. ×，解析：《公司法》第10条。2. D。3. ABC。4. 连带。

第二章　有限责任公司的设立和组织机构

第一节　设　　立

★★ **第二十三条　【有限公司的设立条件】** 设立有限责任公司，应当具备下列条件：

（一）股东符合法定人数；

（二）有符合公司章程规定的全体股东认缴的出资额；

（三）股东共同制定公司章程；

（四）有公司名称，建立符合有限责任公司要求的组织机构；

（五）有公司住所。

☞ **相关法条**

《民法典》第58条

★★ **第二十四条　【股东人数】** 有限责任公司由五十个以下股东出资设立。

注释

50人为设立有限公司时的股东人数上限，并非公司存续期间的人数限制。公司经过发展，股东人数当然有可能超过50人。股东人数没有下限，1个股东即可注册成立一人有限责任公司。

★ **第二十五条　【公司章程内容】**有限责任公司章程应当载明下列事项：

（一）公司名称和住所；

（二）公司经营范围；

（三）公司注册资本；

（四）股东的姓名或者名称；

（五）股东的出资方式、出资额和出资时间；

（六）公司的机构及其产生办法、职权、议事规则；

（七）公司法定代表人；

（八）股东会会议认为需要规定的其他事项。

股东应当在公司章程上签名、盖章。

注释

本条规定了有限公司应当列明的事项，按条文表述理解即可。

☆☆ **第二十六条　【注册资本】**有限责任公司的注册资本为在公司登记机关登记的全体股东认缴的出资额。

法律、行政法规以及国务院决定对有限责任公司注册资本实缴、注册资本最低限额另有规定的，从其规定。

注释

注册资本是指在公司登记机关登记的全体股东认缴的出资额。实缴资本是指公司股东实际缴纳给公司的全部资本。我国在2013年《公司法》修正时取消了公司注册资本最低限额的规定，也就是说，1元即可注册公司。但一些特殊的公司是有最低注册资本规定的，比如银行、证券、期货等。

☆☆ **第二十七条　【出资方式】**股东可以用货币出资，也可以用实物、知识产权、土地使用权等可以用货币估价并可以依法转让的非货币财产作价出资；但是，法律、行政法规规定不得作为出资的财产除外。

对作为出资的非货币财产应当评估作价，核实财产，不得高估或者低估作价。法律、行政法规对评估作价有规定的，从其规定。

注释

股东出资形式包括货币，以及实物、知识产权、土地使用权等，非货币出资必须可以用货币估价并可以依法转让。非货币出资估价须真实。

☆☆ **第二十八条　【出资义务】**股东应当按期足额缴纳公司章程中规定的各自所认缴的出资额。股东以货币出资的，应当将货币出资足额存入有限责任公司在银行开设的账户；以非货币财产出资的，应当依法办理其财产权的转移手续。

股东不按照前款规定缴纳出资的，除应当向公司足额缴纳外，还应当向已按期足额缴纳出资的股东承担违约责任。

注释

1. 按期足额缴纳所认缴的出资额是股东首要的法定义务。

2. 股东以货币出资的，应当将货币足额存入准备成立的公司在银行开设的临时账户中。

3. 非货币财产出资应当依法办理财产权的转移手续。动产→移交实物；不动产→办理所有权转让登记；知识产权→提交技术文件资料和权属文件并办理登记手续；土地→办理土地使用权转让登记。

★ **第二十九条　【设立登记】**股东认足公司章程规定的出资后，由全体股东指定的代表或者共同委托的代理人向公司登记机关报送公司登记申请书、公司章程等文件，申请设立登记。

注释

有限公司设立登记无须验资。

★★ **第三十条　【出资不足的补充】**有限责任公司成立后，发现作为设立公司出资的非货币财产的实际价额显著低于公司章程所定价额的，应当由交付该出资的股东补足其差额；公司设立时的其他股东承担连带责任。

注释

本条规定了股东出资瑕疵责任。值得注意的是，由于公司设立时其他股东对该不实出资已经认可，因而其他股东应当承担连带责任。

★ **第三十一条　【出资证明书】**有限责任公司成立后，应当向股东签发出资证明书。

出资证明书应当载明下列事项：

（一）公司名称；

（二）公司成立日期；

（三）公司注册资本；

（四）股东的姓名或者名称、缴纳的出资额和出资日期；

（五）出资证明书的编号和核发日期。

出资证明书由公司盖章。

注释

本条规定了出资证明书的相关事项，按法条表述理解即可。

★ **第三十二条** **【股东名册】** 有限责任公司应当置备股东名册，记载下列事项：

（一）股东的姓名或者名称及住所；

（二）股东的出资额；

（三）出资证明书编号。

记载于股东名册的股东，可以依股东名册主张行使股东权利。

公司应当将股东的姓名或者名称向公司登记机关登记；登记事项发生变更的，应当办理变更登记。未经登记或者变更登记的，不得对抗第三人。

注 释

1. 股东名册是指公司置备的记载股东及其出资情况的法律文书。置备股东名册是公司股东的法定义务。

2. 在股东名册上记载为股东的，推定为公司股东，未在股东名册上记载的人，均不能视为公司股东。

3. 股东名册一经登记，便产生公示的效力。

★ **第三十三条　【股东查阅权】**股东有权查阅、复制公司章程、股东会会议记录、董事会会议决议、监事会会议决议和财务会计报告。

股东可以要求查阅公司会计账簿。股东要求查阅公司会计账簿的，应当向公司提出书面请求，说明目的。公司有合理根据认为股东查阅会计账簿有不正当目的，可能损害公司合法利益的，可以拒绝提供查阅，并应当自股东提出书面请求之日起十五日内书面答复股东并说明理由。公司拒绝提供查阅的，股东可以请求人民法院要求公司提供查阅。

注 释

股东查阅公司会计账簿应向公司提出书面请求，公司可以拒绝，但应当15日内答复。

生活小案例

张某是红叶公司的小股东，持股5%；同时，张某还在枫林有限公司任董事，而红叶公司与枫林公司均从事保险经纪业务。红叶公司多年没有给张某分红，张某一直对其会计账簿存有疑惑。红叶公司是否有权拒绝其查账请求？

答：有，红叶公司有权以张某的查账目的不具有正当性为由拒绝其查账请求。

☞ **相关法条**

《公司法解释（四）》第7~9条

☆☆ **第三十四条　【分红权与优先认购权】** 股东按照实缴的出资比例分取红利；公司新增资本时，股东有权优先按照实缴的出资比例认缴出资。但是，全体股东约定不按照出资比例分取红利或者不按照出资比例优先认缴出资的除外。

注释

分红按实缴出资而非认缴出资。

生活小案例

甲、乙、丙设立一有限公司，制定了公司章程。甲、乙、丙三人约定以下事项：(1) 甲、乙、丙不按照出资比例分配红利；(2) 由董事会直接决定公司的对外投资事宜；(3) 甲、乙、丙不按照出资比例行使表决权。问：甲、乙、丙的上述约定合法吗？

答：合法。

☆☆ **第三十五条　【抽逃出资】**公司成立后，股东不得抽逃出资。

第二节　组 织 机 构

★★ **第三十六条　【股东会组成及地位】**有限责任公司股东会由全体股东组成。股东会是公司的权力机构，依照本法行使职权。

☆☆ **第三十七条　【股东会职权】**股东会行使下列职权：

（一）决定公司的经营方针和投资计划；

（二）选举和更换非由职工代表担任的董事、监事，决定有关董事、监事的报酬事项；

（三）审议批准董事会的报告；

（四）审议批准监事会或者监事的报告；

（五）审议批准公司的年度财务预算方案、决算方案；

（六）审议批准公司的利润分配方案和弥补亏损方案；

（七）对公司增加或者减少注册资本作出决议；

（八）对发行公司债券作出决议；

（九）对公司合并、分立、解散、清算或者变更公司形式作出决议；

（十）修改公司章程；

（十一）公司章程规定的其他职权。

对前款所列事项股东以书面形式一致表示同意的，可以不召开股东会会议，直接作出决定，并由全体股东在决定文件上签名、盖章。

★★ **第三十八条　【股东会的首次会议】**首次股东会会议由出资最多的股东召集和主持，依照本法规定行使职权。

★ **第三十九条　【定期会和临时会】**股东会会议分为定期会议和临时会议。

定期会议应当依照公司章程的规定按时召开。代表十分之一以上表决权的股东，三分之一以上的董事，监事会或者不设监事会的公司的监事提议召开临时会议的，应当召开临时会议。

注释

股东会临时会议由代表1/10以上表决权的股东、1/3以上的董事，监事会或者不设监事会的公司的监事提议召开。

★★ **第四十条　【股东会会议的召集与主持】**有限责任公司设立董事会的，股东会会议由董事会召集，董事长主持；董事长不能履行职务或者不履行职务的，由副董事长主持；副董事长不能履行职务或者不履行职务的，由半数以上董事共同推举一名董事主持。

有限责任公司不设董事会的，股东会会议由执行董事召集和主持。

董事会或者执行董事不能履行或者不履行召集股东会会议职责的，由监事会或者不设监事会的公司的监事召集和主持；监事会或者监事不召集和主持的，代表十分之一以上表决权的股东可以自行召集和主持。

注释

设立董事会的有限公司股东会会议由董事会召集，董事长主持；不设董事会的有限公司，股东会会议由执行董事召集和主持；董事会或者执行董事不能履行或者不履行召集职责的，由监事会或者监事召集和主持；监事不履行的，由代表 1/10 以上表决权的股东自行召集和主持。注意，以上召集顺位不能颠倒。

★ **第四十一条　【股东会会议的通知与记录】**召开

股东会会议，应当于会议召开十五日前通知全体股东；但是，公司章程另有规定或者全体股东另有约定的除外。

股东会应当对所议事项的决定作成会议记录，出席会议的股东应当在会议记录上签名。

生活小案例

科鼎公司设立时，股东们围绕公司章程的制订进行讨论，并按公司的实际需求拟订条款规则。股东们达成以下章程条款：（1）股东会会议召开7日前通知全体股东；（2）公司解散需全体股东同意。问：以上条款是否合法？

答：合法。

第四十二条　【股东的表决权】股东会会议由股东按照出资比例行使表决权；但是，公司章程另有规定的除外。

☆☆ **第四十三条　【股东会会议的议事方式和表决程序】**股东会的议事方式和表决程序，除本法有规定的外，由公司章程规定。

股东会会议作出修改公司章程、增加或者减少注册资本的决议，以及公司合并、分立、解散或者变更公司形式的决议，必须经代表三分之二以上表决权的股东通过。

注 释

修改公司章程，增减注册资本，公司合并、分立、解散或者变更公司形式的决议，须2/3表决权的股东通过。

★★ **第四十四条　【董事会的组成】** 有限责任公司设董事会，其成员为三人至十三人；但是，本法第五十条另有规定的除外。

两个以上的国有企业或者两个以上的其他国有投资主体投资设立的有限责任公司，其董事会成员中应当有公司职工代表；其他有限责任公司董事会成员中可以有公司职工代表。董事会中的职工代表由公司职工通过职工代表大会、职工大会或者其他形式民主选举产生。

董事会设董事长一人，可以设副董事长。董事长、副董事长的产生办法由公司章程规定。

注 释

董事会成员一般为3~13人。两个以上的国有企业或者两个以上的其他国有投资主体投资设立的有限公司，董事会成员中须有公司职工代表。

★ **第四十五条　【董事任期】** 董事任期由公司章程规定，但每届任期不得超过三年。董事任期届满，连选可以连任。

董事任期届满未及时改选，或者董事在任期内辞职导致董事会成员低于法定人数的，在改选出的董事就任前，原董事仍应当依照法律、行政法规和公司章程的规定，履行董事职务。

注释

董事任期不得超过3年，连选可以连任。

★ **第四十六条 【董事会职权】** 董事会对股东会负责，行使下列职权：

（一）召集股东会会议，并向股东会报告工作；

（二）执行股东会的决议；

（三）决定公司的经营计划和投资方案；

（四）制订公司的年度财务预算方案、决算方案；

（五）制订公司的利润分配方案和弥补亏损方案；

（六）制订公司增加或者减少注册资本以及发行公司债券的方案；

（七）制订公司合并、分立、解散或者变更公司形式的方案；

（八）决定公司内部管理机构的设置；

（九）决定聘任或者解聘公司经理及其报酬事项，

并根据经理的提名决定聘任或者解聘公司副经理、财务负责人及其报酬事项；

（十）制定公司的基本管理制度；

（十一）公司章程规定的其他职权。

★ **第四十七条　【董事会会议的召集与主持】**董事会会议由董事长召集和主持；董事长不能履行职务或者不履行职务的，由副董事长召集和主持；副董事长不能履行职务或者不履行职务的，由半数以上董事共同推举一名董事召集和主持。

注释

董事会会议召集顺序：董事长→副董事长→半数以上董事共同推举出的一名董事。顺序不能乱，同股东会。

★ **第四十八条　【董事会会议的议事方式和表决程序】**董事会的议事方式和表决程序，除本法有规定的外，由公司章程规定。

董事会应当对所议事项的决定作成会议记录，出席会议的董事应当在会议记录上签名。

董事会决议的表决，实行一人一票。

注释

不同于股东会，董事会决议为人头制，一人一票。

★ **第四十九条　【经理的设立与职权】**有限责任公司可以设经理，由董事会决定聘任或者解聘。经理对董事会负责，行使下列职权：

（一）主持公司的生产经营管理工作，组织实施董事会决议；

（二）组织实施公司年度经营计划和投资方案；

（三）拟订公司内部管理机构设置方案；

（四）拟订公司的基本管理制度；

（五）制定公司的具体规章；

（六）提请聘任或者解聘公司副经理、财务负责人；

（七）决定聘任或者解聘除应由董事会决定聘任或者解聘以外的负责管理人员；

（八）董事会授予的其他职权。

公司章程对经理职权另有规定的，从其规定。

经理列席董事会会议。

★★ **第五十条　【执行董事】**股东人数较少或者规模较小的有限责任公司，可以设一名执行董事，不设董事会。执行董事可以兼任公司经理。

执行董事的职权由公司章程规定。

★★ **第五十一条　【监事会的设立与组成】**有限责任

公司设监事会，其成员不得少于三人。股东人数较少或者规模较小的有限责任公司，可以设一至二名监事，不设监事会。

监事会应当包括股东代表和适当比例的公司职工代表，其中职工代表的比例不得低于三分之一，具体比例由公司章程规定。监事会中的职工代表由公司职工通过职工代表大会、职工大会或者其他形式民主选举产生。

监事会设主席一人，由全体监事过半数选举产生。监事会主席召集和主持监事会会议；监事会主席不能履行职务或者不履行职务的，由半数以上监事共同推举一名监事召集和主持监事会会议。

董事、高级管理人员不得兼任监事。

注释

监事会不是必须要有的，但股东人数少，规模小的公司也要有1~2名监事。监事会中职工代表比例不得低于1/3。

★★ **第五十二条　【监事的任期】** 监事的任期每届为三年。监事任期届满，连选可以连任。

监事任期届满未及时改选，或者监事在任期内辞职导致监事会成员低于法定人数的，在改选出的监事就任前，原监事仍应当依照法律、行政法规和公司章程的规定，履行监事职务。

★★ 第五十三条 【监事会或监事的职权（一）】 监事会、不设监事会的公司的监事行使下列职权：

（一）检查公司财务；

（二）对董事、高级管理人员执行公司职务的行为进行监督，对违反法律、行政法规、公司章程或者股东会决议的董事、高级管理人员提出罢免的建议；

（三）当董事、高级管理人员的行为损害公司的利益时，要求董事、高级管理人员予以纠正；

（四）提议召开临时股东会会议，在董事会不履行本法规定的召集和主持股东会会议职责时召集和主持股东会会议；

（五）向股东会会议提出提案；

（六）依照本法第一百五十一条的规定，对董事、高级管理人员提起诉讼；

（七）公司章程规定的其他职权。

★★ 第五十四条 【监事会或监事的职权（二）】 监事可以列席董事会会议，并对董事会决议事项提出质询或者建议。

监事会、不设监事会的公司的监事发现公司经营情况异常，可以进行调查；必要时，可以聘请会计师事务所等协助其工作，费用由公司承担。

第五十五条　【监事会的会议制度】监事会每年度至少召开一次会议，监事可以提议召开临时监事会会议。

监事会的议事方式和表决程序，除本法有规定的外，由公司章程规定。

监事会决议应当经半数以上监事通过。

监事会应当对所议事项的决定作成会议记录，出席会议的监事应当在会议记录上签名。

第五十六条　【监事职责所需费用的承担】监事会、不设监事会的公司的监事行使职权所必需的费用，由公司承担。

第三节　一人有限责任公司的特别规定

★ **第五十七条　【一人公司的概念】**一人有限责任公司的设立和组织机构，适用本节规定；本节没有规定的，适用本章第一节、第二节的规定。

本法所称一人有限责任公司，是指只有一个自然人股东或者一个法人股东的有限责任公司。

★★ **第五十八条　【一人公司的注册资本】**一个自然

人只能投资设立一个一人有限责任公司。该一人有限责任公司不能投资设立新的一人有限责任公司。

注释

一人有限责任公司，是指只有一个自然人股东或者一个法人股东的有限责任公司。一个自然人只能投资设立一个有限责任公司。该一人有限责任公司不能再投资设立新的一人有限责任公司。

第五十九条　【一人公司的登记注意事项】一人有限责任公司应当在公司登记中注明自然人独资或者法人独资，并在公司营业执照中载明。

第六十条　【一人公司的章程】一人有限责任公司章程由股东制定。

★★ **第六十一条　【一人公司的股东决议】**一人有限责任公司不设股东会。股东作出本法第三十七条第一款所列决定时，应当采用书面形式，并由股东签名后置备于公司。

★ **第六十二条　【一人公司的财务报告】**一人有限责任公司应当在每一会计年度终了时编制财务会计报告，并经会计师事务所审计。

注 释

会计年度是审计的周期，审计由会计师事务所进行。

★ **第六十三条 【一人公司的债务承担】** 一人有限责任公司的股东不能证明公司财产独立于股东自己的财产的，应当对公司债务承担连带责任。

注 释

本条是一人有限责任公司“人格否认”的规定。

第四节 国有独资公司的特别规定

★★ **第六十四条 【国有独资公司的概念】** 国有独资公司的设立和组织机构，适用本节规定；本节没有规定的，适用本章第一节、第二节的规定。

本法所称国有独资公司，是指国家单独出资、由国务院或者地方人民政府授权本级人民政府国有资产监督管理机构履行出资人职责的有限责任公司。

第六十五条 【国有独资公司的章程】 国有独资公司章程由国有资产监督管理机构制定，或者由董事会制订报国有资产监督管理机构批准。

★ **第六十六条 【国有独资公司股东权的行使】** 国

有独资公司不设股东会，由国有资产监督管理机构行使股东会职权。国有资产监督管理机构可以授权公司董事会行使股东会的部分职权，决定公司的重大事项，但公司的合并、分立、解散、增加或者减少注册资本和发行公司债券，必须由国有资产监督管理机构决定；其中，重要的国有独资公司合并、分立、解散、申请破产的，应当由国有资产监督管理机构审核后，报本级人民政府批准。

前款所称重要的国有独资公司，按照国务院的规定确定。

★ **第六十七条　【国有独资公司的董事会】**国有独资公司设董事会，依照本法第四十六条、第六十六条的规定行使职权。董事每届任期不得超过三年。董事会成员中应当有公司职工代表。

董事会成员由国有资产监督管理机构委派；但是，董事会成员中的职工代表由公司职工代表大会选举产生。

董事会设董事长一人，可以设副董事长。董事长、副董事长由国有资产监督管理机构从董事会成员中指定。

第六十八条　【国有独资公司的经理】国有独资

公司设经理，由董事会聘任或者解聘。经理依照本法第四十九条规定行使职权。

经国有资产监督管理机构同意，董事会成员可以兼任经理。

★ **第六十九条　【国有独资公司高层职员的兼职禁止】** 国有独资公司的董事长、副董事长、董事、高级管理人员，未经国有资产监督管理机构同意，不得在其他有限责任公司、股份有限公司或者其他经济组织兼职。

第七十条　【国有独资公司的监事会】 国有独资公司监事会成员不得少于五人，其中职工代表的比例不得低于三分之一，具体比例由公司章程规定。

监事会成员由国有资产监督管理机构委派；但是，监事会成员中的职工代表由公司职工代表大会选举产生。监事会主席由国有资产监督管理机构从监事会成员中指定。

监事会行使本法第五十三条第（一）项至第（三）项规定的职权和国务院规定的其他职权。

▶▶小测试◀◀①

1. 有限责任公司监事会应当包括股东代表和适当比例的公司职工代表，其中职工代表的比例不得高于1/5。(　　)

2. 有限责任公司股东向股东以外的人转让股权，应当经其他股东过半数同意。(　　)

3. 根据《公司法》的规定，有限责任公司由（　　）个以下股东出资设立。设立股份有限公司，应当有2人以上（　　）人以下为发起人，其中须有半数以上的发起人在中国境内有住所。

   A. 50；100　　　　B. 50；200

   C. 30；100　　　　D. 30；200

4. 关于有限责任公司股东的权利，下列说法正确的是：(　　)

   A. 股东可以要求查阅公司会计账簿

   B. 股东有权查阅、复制公司财务会计报告

   C. 股东按照应缴的出资比例分取红利

   D. 公司新增资本时，股东有权优先按照实缴的出资比例认缴出资

5. 经国有资产监督管理机构同意，____可以兼任经理。

① 【答案】1. ×，解析：《公司法》第51条。2. √。3. B。4. ABD。5. 董事会成员。

第三章 有限责任公司的股权转让

☆☆ 第七十一条 【股权转让】 有限责任公司的股东之间可以相互转让其全部或者部分股权。

股东向股东以外的人转让股权，应当经其他股东过半数同意。股东应就其股权转让事项书面通知其他股东征求同意，其他股东自接到书面通知之日起满三十日未答复的，视为同意转让。其他股东半数以上不同意转让的，不同意的股东应当购买该转让的股权；不购买的，视为同意转让。

经股东同意转让的股权，在同等条件下，其他股东有优先购买权。两个以上股东主张行使优先购买权的，协商确定各自的购买比例；协商不成的，按照转让时各自的出资比例行使优先购买权。

公司章程对股权转让另有规定的，从其规定。

注释

1. 有限公司股东之间自由转让股权。

2. 股东向股东以外的人转让股权应经其他股东过半数同意。

☞ **相关法条**

《公司法解释（四）》第16~22条

★ **第七十二条　【强制执行的股权转让】** 人民法院依照法律规定的强制执行程序转让股东的股权时，应当通知公司及全体股东，其他股东在同等条件下有优先购买权。其他股东自人民法院通知之日起满二十日不行使优先购买权的，视为放弃优先购买权。

☞ **相关法条**

《公司法解释（四）》第22条

第七十三条　【股权转让的变更记载】 依照本法第七十一条、第七十二条转让股权后，公司应当注销原股东的出资证明书，向新股东签发出资证明书，并相应修改公司章程和股东名册中有关股东及其出资额的记载。对公司章程的该项修改不需再由股东会表决。

★★ **第七十四条　【股权收购】** 有下列情形之一的，对股东会该项决议投反对票的股东可以请求公司按照合理的价格收购其股权：

（一）公司连续五年不向股东分配利润，而公司该五年连续盈利，并且符合本法规定的分配利润条件的；

（二）公司合并、分立、转让主要财产的；

（三）公司章程规定的营业期限届满或者章程规定的其他解散事由出现，股东会会议通过决议修改章程使公司存续的。

自股东会会议决议通过之日起六十日内，股东与公司不能达成股权收购协议的，股东可以自股东会会议决议通过之日起九十日内向人民法院提起诉讼。

注释

关于异议股东股份回购请求权，需要注意以下几点：

1. 回购请求权的主体是特定股东，即“对股东会该项决议投反对票的股东”。

2. 投反对票的事项包括：(1) 公司连续5年不向股东分配利润，而公司该5年连续盈利，并且符合公司法规定的分配利润条件的。(2) 公司合并、分立、转让主要财产的。(3) 公司章程规定的营业期限届满或者章程规定的其他解散事由出现，股东会会议通过决议修改章程使公司存续的。

3. 异议股东行使该项权利必须要和公司达成相关的回购协议。

值得注意的是，在现实中，公司权利分配并不取决于公司是否有可分配的利润，更为关键的是股利分配方案是否能够得到股东会批准通过。

☞ **相关法条**

《公司法解释（一）》第3条

★★ **第七十五条　【股东资格的继承】** 自然人股东死亡后，其合法继承人可以继承股东资格；但是，公司章程另有规定的除外。

▶▶小测试◀◀①

1. 有限责任公司的股东之间可以相互转让其全部或者部分股权。（　　）

2. 股东向股东以外的人转让股权，应当经其他股东过（　　）同意。

   A. 1/5　　　　B. 1/4

   C. 1/3　　　　D. 1/2

3. 人民法院依照法律规定的强制执行程序转让股东的股权时，应当通知公司及全体股东，其他股东在____下有优先购买权。其他股东自人民法院通知之日起满____日不行使优先购买权的，视为放弃优先购买权。

① 【答案】1. √。2. D。3. 同等条件；20。

第四章 股份有限公司的设立和组织机构

第一节 设　　立

★★ **第七十六条　【股份有限公司的设立条件】** 设立股份有限公司，应当具备下列条件：

（一）发起人符合法定人数；

（二）有符合公司章程规定的全体发起人认购的股本总额或者募集的实收股本总额；

（三）股份发行、筹办事项符合法律规定；

（四）发起人制订公司章程，采用募集方式设立的经创立大会通过；

（五）有公司名称，建立符合股份有限公司要求的组织机构；

（六）有公司住所。

★★ **第七十七条　【设立方式】** 股份有限公司的设立，可以采取发起设立或者募集设立的方式。

发起设立，是指由发起人认购公司应发行的全部股份而设立公司。

募集设立，是指由发起人认购公司应发行股份的一部分，其余股份向社会公开募集或者向特定对象募集而设立公司。

注释

以发起设立的方式设立股份有限公司的，在设立时其股份全部由该公司的发起人认购，而不向发起人之外的任何社会公众发行股份。由于没有向社会公众公开募集股份，所以，以发起设立方式设立的股份有限公司，在其发行新股之前，其全部股份都由发起人持有，公司的全部股东都是设立公司的发起人。

以募集设立方式设立股份有限公司的，在公司设立时，认购公司应发行股份的人不仅有发起人，还有发起人以外的人。以募集设立方式设立股份有限公司，发起人只需投入较少的资金，就能够从社会上聚集到较多的资金，从而使公司能够迅速聚集到较大的资本额。但是，由于募集设立涉及发起人以外的人，所以，法律对募集设立规定了较为严格的程序，以保护广大投资者的利益，保证正常的经济秩序。

☆☆ **第七十八条　【发起人的限制】** 设立股份有限公司，应当有二人以上二百人以下为发起人，其中须有半数以上的发起人在中国境内有住所。

第七十九条　【发起人的义务】 股份有限公司发起人承担公司筹办事务。

发起人应当签订发起人协议，明确各自在公司设立过程中的权利和义务。

★★ **第八十条　【注册资本】**股份有限公司采取发起设立方式设立的，注册资本为在公司登记机关登记的全体发起人认购的股本总额。在发起人认购的股份缴足前，不得向他人募集股份。

股份有限公司采取募集方式设立的，注册资本为在公司登记机关登记的实收股本总额。

法律、行政法规以及国务院决定对股份有限公司注册资本实缴、注册资本最低限额另有规定的，从其规定。

注释

2013 年《公司法》修改，删除了股份有限公司注册资本的最低限额。

☞ **相关法条**

《保险法》第 69 条

《证券法》第 121 条

《商业银行法》第 13 条

★★ **第八十一条　【公司章程】**股份有限公司章程应当载明下列事项：

（一）公司名称和住所；

（二）公司经营范围；

（三）公司设立方式；

（四）公司股份总数、每股金额和注册资本；

（五）发起人的姓名或者名称、认购的股份数、出资方式和出资时间；

（六）董事会的组成、职权和议事规则；

（七）公司法定代表人；

（八）监事会的组成、职权和议事规则；

（九）公司利润分配办法；

（十）公司的解散事由与清算办法；

（十一）公司的通知和公告办法；

（十二）股东大会会议认为需要规定的其他事项。

★★ **第八十二条　【出资方式】** 发起人的出资方式，适用本法第二十七条的规定。

★ **第八十三条　【发起设立的程序】** 以发起设立方式设立股份有限公司的，发起人应当书面认足公司章程规定其认购的股份，并按照公司章程规定缴纳出资。以非货币财产出资的，应当依法办理其财产权的转移手续。

发起人不依照前款规定缴纳出资的，应当按照发起人协议承担违约责任。

发起人认足公司章程规定的出资后，应当选举董事会和监事会，由董事会向公司登记机关报送公司章程以及法律、行政法规规定的其他文件，申请设立登记。

☆☆ **第八十四条　【募集设立的发起人认购股份】** 以募集设立方式设立股份有限公司的，发起人认购的股份不得少于公司股份总数的百分之三十五；但是，法律、行政法规另有规定的，从其规定。

注释

这里发起人所认购的股份是指所有发起人认购股份的总额，而不是某一个发起人认购的股份。

第八十五条　【募集股份的公告和认股书】 发起人向社会公开募集股份，必须公告招股说明书，并制作认股书。认股书应当载明本法第八十六条所列事项，由认股人填写认购股数、金额、住所，并签名、盖章。认股人按照所认购股数缴纳股款。

☆ **第八十六条　【招股说明书】** 招股说明书应当附有发起人制订的公司章程，并载明下列事项：

（一）发起人认购的股份数；

（二）每股的票面金额和发行价格；

（三）无记名股票的发行总数；

（四）募集资金的用途；

（五）认股人的权利、义务；

（六）本次募股的起止期限及逾期未募足时认股人可以撤回所认股份的说明。

★★ **第八十七条　【股票承销】**发起人向社会公开募集股份，应当由依法设立的证券公司承销，签订承销协议。

第八十八条　【代收股款】发起人向社会公开募集股份，应当同银行签订代收股款协议。

代收股款的银行应当按照协议代收和保存股款，向缴纳股款的认股人出具收款单据，并负有向有关部门出具收款证明的义务。

★★ **第八十九条　【验资及创立大会的召开】**发行股份的股款缴足后，必须经依法设立的验资机构验资并出具证明。发起人应当自股款缴足之日起三十日内主持召开公司创立大会。创立大会由发起人、认股人组成。

发行的股份超过招股说明书规定的截止期限尚未募足的，或者发行股份的股款缴足后，发起人在三十日内未召开创立大会的，认股人可以按照所缴股款并加算银行同期存款利息，要求发起人返还。

注释

创立大会是指在股份有限公司成立之前，由全体发起人、认股人参加，决定是否设立公司并决定公司设立过程中以及公司成立之后的重大事项的会议。它是公司成立前的决议机关，行使与股东大会类似的职权。

★ **第九十条　【创立大会的职权】** 发起人应当在创立大会召开十五日前将会议日期通知各认股人或者予以公告。创立大会应有代表股份总数过半数的发起人、认股人出席，方可举行。

创立大会行使下列职权：

（一）审议发起人关于公司筹办情况的报告；

（二）通过公司章程；

（三）选举董事会成员；

（四）选举监事会成员；

（五）对公司的设立费用进行审核；

（六）对发起人用于抵作股款的财产的作价进行审核；

（七）发生不可抗力或者经营条件发生重大变化

直接影响公司设立的，可以作出不设立公司的决议。

创立大会对前款所列事项作出决议，必须经出席会议的认股人所持表决权过半数通过。

生活小案例

甲、乙、丙等拟以募集方式设立一个股份有限公司。经过较长时间的筹备，公司设立的各项事务逐渐完成，现大股东甲准备组织召开公司创立大会。问：设立该股份有限公司的各种费用是否应由创立大会审核？

答：应当由创立大会审核。

★ **第九十一条　【股本的抽回】** 发起人、认股人缴纳股款或者交付抵作股款的出资后，除未按期募足股份、发起人未按期召开创立大会或者创立大会决议不设立公司的情形外，不得抽回其股本。

第九十二条　【申请设立登记】 董事会应于创立大会结束后三十日内，向公司登记机关报送下列文件，申请设立登记：

（一）公司登记申请书；

（二）创立大会的会议记录；

（三）公司章程；

（四）验资证明；

（五）法定代表人、董事、监事的任职文件及其身份证明；

（六）发起人的法人资格证明或者自然人身份证明；

（七）公司住所证明。

以募集方式设立股份有限公司公开发行股票的，还应当向公司登记机关报送国务院证券监督管理机构的核准文件。

★ **第九十三条　【出资不足的补充】** 股份有限公司成立后，发起人未按照公司章程的规定缴足出资的，应当补缴；其他发起人承担连带责任。

股份有限公司成立后，发现作为设立公司出资的非货币财产的实际价额显著低于公司章程所定价额的，应当由交付该出资的发起人补足其差额；其他发起人承担连带责任。

注释

股份有限公司成立后，无论是发起人未按照公司章程的规定缴足出资，还是发现发起人交付作为设立公司出资的非货币财产的实际价额显著低于公司章程所定价额，其他发起人都应承担连带责任。公司既可以要求出资不符合公司章程规定的发起人缴足或者补足差额，也可以要求其他任何一个或者几个发起人缴足或者补足差额，被要求的发起人不得拒绝。当然，被要求的发起人在缴足或者补足差额后，有权向出资不符合公司章程规定的发起人追偿。

★ **第九十四条　【发起人的责任】**股份有限公司的发起人应当承担下列责任：

（一）公司不能成立时，对设立行为所产生的债务和费用负连带责任；

（二）公司不能成立时，对认股人已缴纳的股款，负返还股款并加算银行同期存款利息的连带责任；

（三）在公司设立过程中，由于发起人的过失致使公司利益受到损害的，应当对公司承担赔偿责任。

注释

设立行为所产生的债务是指发起人为了设立公司、在筹办公司设立事务过程中对他人所负的债务。设立行为所产生的费用是指发起人为了设立公司、在筹办公司设立事务过程中所支付的各种费用，如公司章程及招股说明书、认股书的制作费；有关的通知和公告的费用；雇用必要人员的工资、房屋的租赁费等。公司不能成立时，发起人对设立行为所产生的债务和费用负连带责任，债权人、收取费用的人可以要求发起人中的任何一个人或者几个人予以清偿、缴付、返还，被要求的发起人不得拒绝。

★ **第九十五条　【公司性质的变更】**有限责任公司变更为股份有限公司时，折合的实收股本总额不得高于公司净资产额。有限责任公司变更为股份有限公司，为增加资本公开发行股份时，应当依法办理。

注释

有限责任公司变更为股份有限公司以后，其资产就成为股份有限公司的资产，有限责任公司的原股东也因此而持有由有限责任公司的资产折合成的股份。由于有限责任公司在其运营过程中，既会有资产，也会有负债，所以，有限责任公司的资产，在计入股份有限公司实际收到的股本总额时，不应当是其资产总额或者高于其净资产额的数额。

第九十六条　【重要资料的置备】股份有限公司应当将公司章程、股东名册、公司债券存根、股东大会会议记录、董事会会议记录、监事会会议记录、财务会计报告置备于本公司。

★ **第九十七条　【股东的查阅、建议和质询权】**股东有权查阅公司章程、股东名册、公司债券存根、股东大会会议记录、董事会会议决议、监事会会议决议、财务会计报告，对公司的经营提出建议或者质询。

注释

股东名册，是指由公司置备的，记载股东个人信息和股权信息的法定簿册。公司向股东发放股息、派发新股或者通知召开股东大会，往往需要确定股东名册。

股东大会会议记录，是指股东大会对所议事项及结果所作成的并由主持人和出席会议的股东签名的会议记录。作为股东大会成员的股东，有权通过股东大会会议记录来了解股东大会举行会议时的各项情况，检查股东大会的决议是否侵犯了股东的合法利益，以及股东大会的决策是否有失误之处等，从而决定自己应当采取何种行为。

第二节 股东大会

第九十八条 【股东大会的组成与地位】 股份有限公司股东大会由全体股东组成。股东大会是公司的权力机构，依照本法行使职权。

★★ **第九十九条 【股东大会的职权】** 本法第三十七条第一款关于有限责任公司股东会职权的规定，适用于股份有限公司股东大会。

★ **第一百条 【年会和临时会】** 股东大会应当每年召开一次年会。有下列情形之一的，应当在两个月内召开临时股东大会：

（一）董事人数不足本法规定人数或者公司章程所定人数的三分之二时；

（二）公司未弥补的亏损达实收股本总额三分之一时；

（三）单独或者合计持有公司百分之十以上股份的股东请求时；

（四）董事会认为必要时；

（五）监事会提议召开时；

（六）公司章程规定的其他情形。

注释

股份有限公司的股东大会分为股东年会和临时股东大会两种。股东年会是指依照法律和公司章程的规定每年按时召开的股东大会。临时大会是指根据法定的事由在两次股东年会之间临时召集的不定期的股东大会。

★ 第一百零一条 【股东大会会议的召集与主持】 股东大会会议由董事会召集，董事长主持；董事长不能履行职务或者不履行职务的，由副董事长主持；副董事长不能履行职务或者不履行职务的，由半数以上董事共同推举一名董事主持。

董事会不能履行或者不履行召集股东大会会议职

责的，监事会应当及时召集和主持；监事会不召集和主持的，连续九十日以上单独或者合计持有公司百分之十以上股份的股东可以自行召集和主持。

第一百零二条　【股东大会会议的通知】召开股东大会会议，应当将会议召开的时间、地点和审议的事项于会议召开二十日前通知各股东；临时股东大会应当于会议召开十五日前通知各股东；发行无记名股票的，应当于会议召开三十日前公告会议召开的时间、地点和审议事项。

单独或者合计持有公司百分之三以上股份的股东，可以在股东大会召开十日前提出临时提案并书面提交董事会；董事会应当在收到提案后二日内通知其他股东，并将该临时提案提交股东大会审议。临时提案的内容应当属于股东大会职权范围，并有明确议题和具体决议事项。

股东大会不得对前两款通知中未列明的事项作出决议。

无记名股票持有人出席股东大会会议的，应当于会议召开五日前至股东大会闭会时将股票交存于公司。

☆☆ **第一百零三条　【股东表决权】**股东出席股东大

会会议，所持每一股份有一表决权。但是，公司持有的本公司股份没有表决权。

股东大会作出决议，必须经出席会议的股东所持表决权过半数通过。但是，股东大会作出修改公司章程、增加或者减少注册资本的决议，以及公司合并、分立、解散或者变更公司形式的决议，必须经出席会议的股东所持表决权的三分之二以上通过。

注释

关于公司章程的修改：针对需要公示事项的修改，应该将修改后的章程事项对外公布并报送登记主管机关备案。如果是上市公司，还应该向所有的社会公众股东公示其修改事项。《上市公司章程指引》第189条规定：“股东大会决议通过的章程修改事项应经主管机关审批的，须报主管机关批准；涉及公司登记事项的，依法办理变更登记。”另外，公司章程的修改需要在法律规定的范围之内，不能对法律已经作出强制性规定的内容作出修改。

第一百零四条　【重要事项的股东大会决议权】本法和公司章程规定公司转让、受让重大资产或者对外提供担保等事项必须经股东大会作出决议的，董事会应当及时召集股东大会会议，由股东大会就上述事项进行表决。

★ **第一百零五条　【董事、监事选举的累积投票制】** 股东大会选举董事、监事，可以依照公司章程的规定或者股东大会的决议，实行累积投票制。

本法所称累积投票制，是指股东大会选举董事或者监事时，每一股份拥有与应选董事或者监事人数相同的表决权，股东拥有的表决权可以集中使用。

注　释

累积投票制与直接投票制相对应。

在累积投票制下，每一有表决权的股份享有与拟选出的董（监）事人数相同的表决权，股东可以自由地在各候选人间分配其表决权，既可分散投于多人，也可集中投于一人，然后根据各候选人得票多少的顺序决定董（监）事人选。

本条不是强制性规范，法律没有强制性规定而是给予公司自行选择；适用累计投票制要符合一定的程序，需要经过公司章程的规定或者股东大会的通过。

第一百零六条　【出席股东大会的代理】 股东可以委托代理人出席股东大会会议，代理人应当向公司提交股东授权委托书，并在授权范围内行使表决权。

第一百零七条　【股东大会会议记录】 股东大会应当对所议事项的决定作成会议记录，主持人、出席会议的董事应当在会议记录上签名。会议记录应当与出席股东的签名册及代理出席的委托书一并保存。

第三节　董事会、经理

★★ **第一百零八条　【董事会组成、任期及职权】** 股份有限公司设董事会，其成员为五人至十九人。

董事会成员中可以有公司职工代表。董事会中的职工代表由公司职工通过职工代表大会、职工大会或者其他形式民主选举产生。

本法第四十五条关于有限责任公司董事任期的规定，适用于股份有限公司董事。

本法第四十六条关于有限责任公司董事会职权的规定，适用于股份有限公司董事会。

第一百零九条　【董事长的产生及职权】 董事会设董事长一人，可以设副董事长。董事长和副董事长由董事会以全体董事的过半数选举产生。

董事长召集和主持董事会会议，检查董事会决议的实施情况。副董事长协助董事长工作，董事长不能履行职务或者不履行职务的，由副董事长履行职务；副董事长不能履行职务或者不履行职务的，由半数以上董事共同推举一名董事履行职务。

第一百一十条　【董事会会议的召集】董事会每年度至少召开两次会议，每次会议应当于会议召开十日前通知全体董事和监事。

代表十分之一以上表决权的股东、三分之一以上董事或者监事会，可以提议召开董事会临时会议。董事长应当自接到提议后十日内，召集和主持董事会会议。

董事会召开临时会议，可以另定召集董事会的通知方式和通知时限。

★★ **第一百一十一条　【董事会会议的议事规则】**董事会会议应有过半数的董事出席方可举行。董事会作出决议，必须经全体董事的过半数通过。

董事会决议的表决，实行一人一票。

★ **第一百一十二条　【董事会会议的出席及责任承担】**董事会会议，应由董事本人出席；董事因故不能出席，可以书面委托其他董事代为出席，委托书中应载明授权范围。

董事会应当对会议所议事项的决定作成会议记录，出席会议的董事应当在会议记录上签名。

董事应当对董事会的决议承担责任。董事会的决议违反法律、行政法规或者公司章程、股东大会决议，致使公司遭受严重损失的，参与决议的董事对公司负赔偿责任。但经证明在表决时曾表明异议并记载于会议记录的，该董事可以免除责任。

第一百一十三条　【经理的设立与职权】股份有限公司设经理，由董事会决定聘任或者解聘。

本法第四十九条关于有限责任公司经理职权的规定，适用于股份有限公司经理。

第一百一十四条　【董事兼任经理】公司董事会可以决定由董事会成员兼任经理。

第一百一十五条　【公司向高管人员借款禁止】公司不得直接或者通过子公司向董事、监事、高级管理人员提供借款。

第一百一十六条　【高管人员的报酬披露】公司应当定期向股东披露董事、监事、高级管理人员从公司获得报酬的情况。

第四节　监　事　会

★ **第一百一十七条　【监事会的组成及任期】**股份有限公司设监事会，其成员不得少于三人。

监事会应当包括股东代表和适当比例的公司职工代表，其中职工代表的比例不得低于三分之一，具体比例由公司章程规定。监事会中的职工代表由公司职工通过职工代表大会、职工大会或者其他形式民主选举产生。

监事会设主席一人，可以设副主席。监事会主席和副主席由全体监事过半数选举产生。监事会主席召集和主持监事会会议；监事会主席不能履行职务或者不履行职务的，由监事会副主席召集和主持监事会会议；监事会副主席不能履行职务或者不履行职务的，由半数以上监事共同推举一名监事召集和主持监事会会议。

董事、高级管理人员不得兼任监事。

本法第五十二条关于有限责任公司监事任期的规定，适用于股份有限公司监事。

★ **第一百一十八条　【监事会的职权及费用】** 本法第五十三条、第五十四条关于有限责任公司监事会职权的规定，适用于股份有限公司监事会。

监事会行使职权所必需的费用，由公司承担。

第一百一十九条　【监事会的会议制度】 监事会每六个月至少召开一次会议。监事可以提议召开临时监事会会议。

监事会的议事方式和表决程序，除本法有规定的外，由公司章程规定。

监事会决议应当经半数以上监事通过。

监事会应当对所议事项的决定作成会议记录，出席会议的监事应当在会议记录上签名。

第五节　上市公司组织机构的特别规定

★ **第一百二十条　【上市公司的定义】**本法所称上市公司，是指其股票在证券交易所上市交易的股份有限公司。

注释

上市公司具有以下两个特征：一是上市公司必须是已向社会发行股票的股份有限公司。即以募集设立方式成立的股份有限公司，可以依照法律规定的条件，申请其股票在证券交易所内进行交易，成为上市公司。以发起设立方式成立的股份有限公司，在公司成立后，经过批准向社会公开发行股份后，又达到公司法规定的上市条件的，也可以依法申请为上市公司。二是上市公司的股票必须在证券交易所开设的交易场所公开竞价交易。

证券交易所，是国家批准设立的专为证券交易提供公开竞价交易场所的事业法人，目前在我国内地有深圳证券交易所、上海证券交易所和北京证券交易所。

第一百二十一条 【上市公司特别事项的股东大会决议权】上市公司在一年内购买、出售重大资产或者担保金额超过公司资产总额百分之三十的，应当由股东大会作出决议，并经出席会议的股东所持表决权的三分之二以上通过。

★ **第一百二十二条 【独立董事】**上市公司设独立董事，具体办法由国务院规定。

注释

独立董事，是指不在公司担任董事外的其他职务，并与受聘的公司及其主要股东不存在妨碍其进行独立客观判断关系的董事。独立董事的职责是按照相关法律、行政法规、公司章程，认真履行职责，维护公司整体利益，尤其要关注中小股东的合法权益不受损害。独立董事应当独立履行职责，不受公司主要股东、实际控制人或者与公司存在利害关系的单位或者个人的影响。一般说来，独立董事由具有法律、经济、财会等方面专业知识、社会信用良好的人士担任。与公司或者控股股东、实际控制人有利害关系、可能妨碍对公司事务进行独立客观判断的，不得担任独立董事。独立董事在任期内应当保证有一定的时间在公司了解情况，公司应当为独立董事开展工作提供必要条件。

★ **第一百二十三条 【董事会秘书】**上市公司设董

事会秘书，负责公司股东大会和董事会会议的筹备、文件保管以及公司股东资料的管理，办理信息披露事务等事宜。

注释

董事会秘书，是指掌管董事会文书并协助董事会成员处理日常事务的人员。董事会秘书是上市公司固有的职务。董事会秘书只是董事会设置的服务席位，既不能代表董事会，也不能代表董事长。上市公司董事会秘书是公司的高级管理人员。

第一百二十四条　【关联交易的表决】上市公司董事与董事会会议决议事项所涉及的企业有关联关系的，不得对该项决议行使表决权，也不得代理其他董事行使表决权。该董事会会议由过半数的无关联关系董事出席即可举行，董事会会议所作决议须经无关联关系董事过半数通过。出席董事会的无关联关系董事人数不足三人的，应将该事项提交上市公司股东大会审议。

▶▶小测试◀◀①

1. 股份有限公司持有的本公司股份有表决权。(　　)

2. 上市公司设独立董事，具体办法由国务院规定。(　　)

3. 关于募集设立的规定，下列说法错误的是：(　　)

   A. 以募集设立方式设立股份有限公司的，发起人认购的股份不得少于公司股份总数的25%

   B. 发起人向社会公开募集股份，应当由依法设立的证券公司承销

   C. 发起人向社会公开募集股份，应当同银行签订代收股款协议

   D. 发行股份的股款缴足后，必须经依法设立的验资机构验资并出具证明

4. 关于上市公司，下列说法正确的是：(　　)

   A. 上市公司是指其股票在证券交易所上市交易的股份有限公司

   B. 上市公司需设独立董事

   C. 上市公司在1年内购买重大资产超过公司资产总额30%的，应当由董事会作出决议

   D. 上市公司董事与董事会会议决议事项所涉及的企业有关联关系的，不得对该项决议行使表决权

---

① 【答案】1. ×，解析：《公司法》第103条。2. √。3. A。4. ABD。5. 发起设立；募集设立。6. 3。7. 1；30%；2/3。8. 2；10。

5. 股份有限公司的设立，可以采取____或者____的方式。

6. 股份有限公司设监事会，其成员不得少于____人。

7. 上市公司在____年内购买、出售重大资产或者担保金额超过公司资产总额____的，应当由股东大会作出决议，并经出席会议的股东所持表决权的____通过。

8. 董事会每年度至少召开____次会议，每次会议应当于会议召开____日前通知全体董事和监事。

第五章　股份有限公司的股份发行和转让

第一节　股份发行

★ **第一百二十五条　【股份及其形式】**股份有限公司的资本划分为股份，每一股的金额相等。

公司的股份采取股票的形式。股票是公司签发的证明股东所持股份的凭证。

注释

股份，是指由股份有限公司发行的股东所持有的通过股票形式来表现的可以转让的资本的一部分。股份有限公司的股份一般具有表明资本成分、说明股东地位、计算股东权责的含义。只有股份有限公司股东所持有的出资才称之为股份。股份作为公司资本的一部分，是公司资本的最小构成单位，不能再分，所有股东所持有的股份加起来即为公司的资本总额。股份有限公司的股份具有平等性，每股金额相等，代表的股东权利和义务是相等的持有相同股份的股东享有的权益和应当履行的义务相同。

股票，是指由股份有限公司签发的证明股东按其所持股份享有权利和承担义务的凭证。

第一百二十六条　【股份发行的原则】股份的发行，实行公平、公正的原则，同种类的每一股份应当具有同等权利。

同次发行的同种类股票，每股的发行条件和价格应当相同；任何单位或者个人所认购的股份，每股应当支付相同价额。

★★ **第一百二十七条　【股票发行价格】**股票发行价格可以按票面金额，也可以超过票面金额，但不得低于票面金额。

注释

股票的发行价格是股票发行时所使用的价格，也是投资者认购股票时所支付的价格。股票发行价格一般由发行公司根据股票面额、股市行情和其他有关因素决定。股票的发行价格可以分为平价发行价格和溢价发行价格。平价发行是指股票的发行价格与股票的票面金额相同，也称之为等价发行、券面发行。溢价发行是指股票的实际发行价格超过其票面金额。股票可以按照票面金额发行，也可以按高于票面金额的价格发行，但不能以低于票面金额的价格发行。

生活小案例

问：甲为上市公司，其股票市价为每股 1.5 元。甲公司现欲发行新股，票面价格为 1 元。它能否以 1.2 元的价格发行？

答：能。

★ **第一百二十八条　【股票的形式及载明的事项】** 股票采用纸面形式或者国务院证券监督管理机构规定的其他形式。

股票应当载明下列主要事项：

（一）公司名称；

（二）公司成立日期；

（三）股票种类、票面金额及代表的股份数；

（四）股票的编号。

股票由法定代表人签名，公司盖章。

发起人的股票，应当标明发起人股票字样。

注释

股票是一种要式证券。股票的法定必要记载事项如本条规定。另外，因为公司发起人持有的股票在公司成立之日起一年内不得转让，即发起人股票转让权受到限制，发起人的股票应当记载有发起人股票的字样。

★★ **第一百二十九条　【股票的种类】** 公司发行的股票，可以为记名股票，也可以为无记名股票。

公司向发起人、法人发行的股票，应当为记名股票，并应当记载该发起人、法人的名称或者姓名，不得另立户名或者以代表人姓名记名。

注释

记名股票，是指在股东名册上登记有持股人的姓名、名称和地址，并在股票上也注明持有人的姓名、名称的股票。

无记名股票，是指在股票上不记载承购人的姓名，可以任意转让的股票。依法持有无记名股票的任何人都是公司的股东，都可以凭其所持的股票向公司主张权利。

★ **第一百三十条　【股东信息的记载】**公司发行记名股票的，应当置备股东名册，记载下列事项：

（一）股东的姓名或者名称及住所；

（二）各股东所持股份数；

（三）各股东所持股票的编号；

（四）各股东取得股份的日期。

发行无记名股票的，公司应当记载其股票数量、编号及发行日期。

★ **第一百三十一条　【其他种类的股份】**国务院可以对公司发行本法规定以外的其他种类的股份，另行作出规定。

第一百三十二条　【向股东交付股票】股份有限公司成立后，即向股东正式交付股票。公司成立前不得向股东交付股票。

第一百三十三条　【发行新股的决议】公司发行新股，股东大会应当对下列事项作出决议：

（一）新股种类及数额；

（二）新股发行价格；

（三）新股发行的起止日期；

（四）向原有股东发行新股的种类及数额。

第一百三十四条　【发行新股的程序】公司经国务院证券监督管理机构核准公开发行新股时，必须公告新股招股说明书和财务会计报告，并制作认股书。

本法第八十七条、第八十八条的规定适用于公司公开发行新股。

第一百三十五条　【发行新股的作价方案】公司发行新股，可以根据公司经营情况和财务状况，确定其作价方案。

★ **第一百三十六条　【发行新股的变更登记】**公司发行新股募足股款后，必须向公司登记机关办理变更登记，并公告。

注释

公司发行新股，必然要改变公司的注册资本，因此，往往需要经股东大会决议修改公司章程及向公司的登记机关办理注册资本变更登记。公司未办理变更登记的，登记机关不予承认发行股份后的变更情况。

第二节 股份转让

★ **第一百三十七条 【股份转让的概念】** 股东持有的股份可以依法转让。

生活小案例

唐某是鸿运股份有限公司的发起人和董事之一，持有公司15%的股份，因公司未能上市，唐某对鸿运股份有限公司的发展前景担忧，欲将所持股份转让。问：唐某对外转让其股份，是否需要经过其他股东同意？

答：不需要。

★ **第一百三十八条 【股份转让的场所】** 股东转让其股份，应当在依法设立的证券交易场所进行或者按照国务院规定的其他方式进行。

★ **第一百三十九条 【记名股票的转让】** 记名股票，由股东以背书方式或者法律、行政法规规定的其他方式转让；转让后由公司将受让人的姓名或者名称及住所记载于股东名册。

股东大会召开前二十日内或者公司决定分配股利的基准日前五日内，不得进行前款规定的股东名册的变更登记。但是，法律对上市公司股东名册变更登记另有规定的，从其规定。

注释

背书方式，即出让人将转让股票的意思记载于股票的背面并签名盖章和注明日期。其他转让方式，主要是指针对无纸化记名股票转让形式而作出的规定对这类无纸化记名股票的转让方式可以由法律、行政法规另行规定。

★ **第一百四十条 【无记名股票的转让】** 无记名股票的转让，由股东将该股票交付给受让人后即发生转让的效力。

★★ **第一百四十一条 【特定持有人的股份转让】** 发起人持有的本公司股份，自公司成立之日起一年内不得转让。公司公开发行股份前已发行的股份，自公司股票在证券交易所上市交易之日起一年内不得转让。

公司董事、监事、高级管理人员应当向公司申报所持有的本公司的股份及其变动情况，在任职期间每年转让的股份不得超过其所持有本公司股份总数的百分之二十五；所持本公司股份自公司股票上市交易之日起一年内不得转让。上述人员离职后半年内，不得转让其所持有的本公司股份。公司章程可以对公司董事、监事、高级管理人员转让其所持有的本公司股份作出其他限制性规定。

注释

本条是关于股份有限公司股份转让限制的规定。

股份有限公司是由发起人作为倡导者设立的，公司的设立宗旨、经营范围、经营方式等内容一般也都由发起人确定。因此，在公司设立后的一定时间内，发起人应作为股东留在公司，以保证公司稳定和运营的连续性。

同时，如果允许发起人在公司成立后很短的时间内就进行本公司的股份的转让，发起人可能会不适当地转移投资风险，甚至会出现发起人以设立公司为名义非法集资或者炒作股票赢利的现象。因此，本条规定，发起人持有的本公司股份，自公司成立之日起 1 年内不得转让。公司成立 1 年以后，发起人所持有的本公司股份可以自由转让。

☆☆ 第一百四十二条　【本公司股份的收购及质押】

公司不得收购本公司股份。但是，有下列情形之一的除外：

（一）减少公司注册资本；

（二）与持有本公司股份的其他公司合并；

（三）将股份用于员工持股计划或者股权激励；

（四）股东因对股东大会作出的公司合并、分立决议持异议，要求公司收购其股份；

（五）将股份用于转换上市公司发行的可转换为股票的公司债券；

（六）上市公司为维护公司价值及股东权益所必需。

公司因前款第（一）项、第（二）项规定的情形收购本公司股份的，应当经股东大会决议；公司因前款第（三）项、第（五）项、第（六）项规定的情形收购本公司股份的，可以依照公司章程的规定或者股东大会的授权，经三分之二以上董事出席的董事会会议决议。

公司依照本条第一款规定收购本公司股份后，属于第（一）项情形的，应当自收购之日起十日内注销；属于第（二）项、第（四）项情形的，应当在六个月内转让或者注销；属于第（三）项、第（五）项、第（六）项情形的，公司合计持有的本公司股份数不得超过本公司已发行股份总额的百分之十，并应当在三年内转让或者注销。

上市公司收购本公司股份的，应当依照《中华人民共和国证券法》的规定履行信息披露义务。上市公司因本条第一款第（三）项、第（五）项、第（六）项规定的情形收购本公司股份的，应当通过公开的集中交易方式进行。

公司不得接受本公司的股票作为质押权的标的。

注释

本条规定了公司在减资、合并、股东行使回购请求权、员工持股计划或股权激励、股转债以及保持股票价格稳定时，法律允许公司收购自己的股份。具体来说，本条规定的情形包括：

（1）减少公司注册资本，这也就是所谓的减资，即公司先回购自己的股票，然后注销。

（2）与持有本公司股份的其他公司合并，即公司从持有本公司股票的其他公司处回购股票，以达到合并的目的。

（3）将股份用于员工持股计划或者股权激励，即公司将回购的本公司股票再转让给计划持股人或激励对象。

（4）股东因对股东大会作出的公司合并、分立决议持异议，要求公司收购其股份，即所谓异议股东行使股份回购请求权的情形。

(5) 将股份用于转换上市公司发行的可转换为股票的公司债券，即股转债。

(6) 上市公司为维护公司价值及股东权益所必需，即为保持公司股价稳定的措施。

第一百四十三条　【记名股票丢失的补救】 记名股票被盗、遗失或者灭失，股东可以依照《中华人民共和国民事诉讼法》规定的公示催告程序，请求人民法院宣告该股票失效。人民法院宣告该股票失效后，股东可以向公司申请补发股票。

☞ **相关法条**

《民诉解释》第 444~461 条

第一百四十四条　【上市公司的股票交易】 上市公司的股票，依照有关法律、行政法规及证券交易所交易规则上市交易。

★ **第一百四十五条　【上市公司的信息公开】** 上市公司必须依照法律、行政法规的规定，公开其财务状况、经营情况及重大诉讼，在每会计年度内半年公布一次财务会计报告。

注释

2019年修改《证券法》，取消了关于股票申请上市和终止上市的条件，以及文件报送、信息披露等的相关具体规定，对上述事项，修改后的《证券法》只提出原则性的要求，具体内容由证券交易所在其相关的业务规则中予以规定和明确。同时，取消证券暂停上市交易制度，畅通上市公司退市渠道。

▶▶小测试◀◀①

1. 股票是公司签发的证明股东所持股份的凭证。(　　)
2. 股东转让其股份，应当在依法设立的（　　）进行。

A. 证券交易场所　　B. 股票交易所

C. 市场监督管理部门　　D. 证券公司

3. 股票发行价格可以按照票面金额，也可以____票面金额，但不得____票面金额。
4. 记名股票____、____或____，股东可以按照公示催告程序，请求人民法院宣告该股票失效。

① 【答案】1. √。2. A。3. 超过；低于。4. 被盗；遗失；灭失。

第六章　公司董事、监事、高级管理人员的资格和义务

☆☆ 第一百四十六条　【高管人员的资格禁止】 有下列情形之一的，不得担任公司的董事、监事、高级管理人员：

（一）无民事行为能力或者限制民事行为能力；

（二）因贪污、贿赂、侵占财产、挪用财产或者破坏社会主义市场经济秩序，被判处刑罚，执行期满未逾五年，或者因犯罪被剥夺政治权利，执行期满未逾五年；

（三）担任破产清算的公司、企业的董事或者厂长、经理，对该公司、企业的破产负有个人责任的，自该公司、企业破产清算完结之日起未逾三年；

（四）担任因违法被吊销营业执照、责令关闭的公司、企业的法定代表人，并负有个人责任的，自该公司、企业被吊销营业执照之日起未逾三年；

（五）个人所负数额较大的债务到期未清偿。

公司违反前款规定选举、委派董事、监事或者聘任高级管理人员的，该选举、委派或者聘任无效。

董事、监事、高级管理人员在任职期间出现本条第一款所列情形的，公司应当解除其职务。

第一百四十七条　【董事、监事、高管人员的忠实和勤勉义务】 董事、监事、高级管理人员应当遵守法律、行政法规和公司章程，对公司负有忠实义务和勤勉义务。

董事、监事、高级管理人员不得利用职权收受贿赂或者其他非法收入，不得侵占公司的财产。

★★ **第一百四十八条　【董事、高管人员的禁止行为】** 董事、高级管理人员不得有下列行为：

（一）挪用公司资金；

（二）将公司资金以其个人名义或者以其他个人名义开立账户存储；

（三）违反公司章程的规定，未经股东会、股东大会或者董事会同意，将公司资金借贷给他人或者以公司财产为他人提供担保；

（四）违反公司章程的规定或者未经股东会、股东大会同意，与本公司订立合同或者进行交易；

（五）未经股东会或者股东大会同意，利用职务便利为自己或者他人谋取属于公司的商业机会，自营或者为他人经营与所任职公司同类的业务；

（六）接受他人与公司交易的佣金归为己有；

（七）擅自披露公司秘密；

（八）违反对公司忠实义务的其他行为。

董事、高级管理人员违反前款规定所得的收入应当归公司所有。

第一百四十九条　【董事、监事、高管人员的损害赔偿责任】董事、监事、高级管理人员执行公司职务时违反法律、行政法规或者公司章程的规定，给公司造成损失的，应当承担赔偿责任。

★ **第一百五十条　【董事、监事、高管人员对股东会、监事会的义务】**股东会或者股东大会要求董事、监事、高级管理人员列席会议的，董事、监事、高级管理人员应当列席并接受股东的质询。

董事、高级管理人员应当如实向监事会或者不设监事会的有限责任公司的监事提供有关情况和资料，不得妨碍监事会或者监事行使职权。

注释

要求董事、监事、高级管理人员列席会议的主体是股东会或者股东大会，而股东会或者股东大会如何提出要求，由哪些人提出要求，法律没有一个明确的规定，为便于这一规定的落实，确保股东合法权益能够得到及时的维护，公司章程应当对有关情况作出详细的规定。

☆☆ 第一百五十一条 【公司权益受损的股东救济】

董事、高级管理人员有本法第一百四十九条规定的情形的，有限责任公司的股东、股份有限公司连续一百八十日以上单独或者合计持有公司百分之一以上股份的股东，可以书面请求监事会或者不设监事会的有限责任公司的监事向人民法院提起诉讼；监事有本法第一百四十九条规定的情形的，前述股东可以书面请求董事会或者不设董事会的有限责任公司的执行董事向人民法院提起诉讼。

☞ 相关法条

《公司法解释（一）》第4条

监事会、不设监事会的有限责任公司的监事，或者董事会、执行董事收到前款规定的股东书面请求后拒绝提起诉讼，或者自收到请求之日起三十日内未提起诉讼，或者情况紧急、不立即提起诉讼将会使公司利益受到难以弥补的损害的，前款规定的股东有权为了公司的利益以自己的名义直接向人民法院提起诉讼。

他人侵犯公司合法权益，给公司造成损失的，本条第一款规定的股东可以依照前两款的规定向人民法院提起诉讼。

☞ **相关法条**

《公司法解释（四）》第23~26条

第一百五十二条　【股东权益受损的诉讼】董事、高级管理人员违反法律、行政法规或者公司章程的规定，损害股东利益的，股东可以向人民法院提起诉讼。

▶▶小测试◀◀①

1. 监事对公司负有忠实义务和勤勉义务。（　　）

2. 董事、高级管理人员不得从事下列哪些行为？（　　）

   A. 挪用公司资金

   B. 将公司资金以其个人名义或者以其他个人名义开立账户存储

   C. 接受他人与公司交易的佣金归为己有

   D. 擅自披露公司秘密

3. 董事、监事、高级管理人员不得利用职权____或者其他____，不得____。

① 【答案】1. √。2. ABCD。3. 收受贿赂；非法收入；侵占公司的财产。

第七章 公司债券

☆☆ **第一百五十三条 【公司债券的概念及其发行条件和程序】** 本法所称公司债券，是指公司依照法定程序发行、约定在一定期限还本付息的有价证券。

公司发行公司债券应当符合《中华人民共和国证券法》规定的发行条件。

☞ **相关法条**

《证券法》第15条

第一百五十四条 【公司债券募集办法】 发行公司债券的申请经国务院授权的部门核准后，应当公告公司债券募集办法。

公司债券募集办法中应当载明下列主要事项：

（一）公司名称；

（二）债券募集资金的用途；

（三）债券总额和债券的票面金额；

（四）债券利率的确定方式；

（五）还本付息的期限和方式；

（六）债券担保情况；

（七）债券的发行价格、发行的起止日期；

（八）公司净资产额；

（九）已发行的尚未到期的公司债券总额；

（十）公司债券的承销机构。

第一百五十五条　【公司债券票面的记载事项】 公司以实物券方式发行公司债券的，必须在债券上载明公司名称、债券票面金额、利率、偿还期限等事项，并由法定代表人签名，公司盖章。

★ **第一百五十六条　【公司债券的分类】** 公司债券，可以为记名债券，也可以为无记名债券。

注释

记名债券是指券面上记载有公司债券持有人的姓名或者名称的债券。当其被盗、遗失或者灭失时，债券持有人可以依照《民事诉讼法》规定的公示催告程序，请求人民法院宣告失效，依法进行补救。

无记名债券是指券面上不记载公司债券持有人的姓名或者名称的债券。它不利于债券持有人保障其对债券的所有权。当无记名债券被盗、遗失或者灭失时，债券持有人不能依照公示催告程序请求人民法院宣告失效。

第一百五十七条　【公司债券存根簿】 公司发行公司债券应当置备公司债券存根簿。

发行记名公司债券的，应当在公司债券存根簿上载明下列事项：

（一）债券持有人的姓名或者名称及住所；

（二）债券持有人取得债券的日期及债券的编号；

（三）债券总额，债券的票面金额、利率、还本付息的期限和方式；

（四）债券的发行日期。

发行无记名公司债券的，应当在公司债券存根簿上载明债券总额、利率、偿还期限和方式、发行日期及债券的编号。

第一百五十八条　【公司债券的登记结算】记名公司债券的登记结算机构应当建立债券登记、存管、付息、兑付等相关制度。

第一百五十九条　【公司债券转让的价格和场所】公司债券可以转让，转让价格由转让人与受让人约定。

公司债券在证券交易所上市交易的，按照证券交易所的交易规则转让。

第一百六十条　【公司债券的转让方式】记名公司债券，由债券持有人以背书方式或者法律、行政法规规定的其他方式转让；转让后由公司将受让人的姓名或者名称及住所记载于公司债券存根簿。

无记名公司债券的转让，由债券持有人将该债券交付给受让人后即发生转让的效力。

★★ **第一百六十一条　【可转换公司债券的发行】** 上市公司经股东大会决议可以发行可转换为股票的公司债券，并在公司债券募集办法中规定具体的转换办法。上市公司发行可转换为股票的公司债券，应当报国务院证券监督管理机构核准。

发行可转换为股票的公司债券，应当在债券上标明可转换公司债券字样，并在公司债券存根簿上载明可转换公司债券的数额。

第一百六十二条　【可转换公司债券的转换】 发行可转换为股票的公司债券的，公司应当按照其转换办法向债券持有人换发股票，但债券持有人对转换股票或者不转换股票有选择权。

▶▶小测试◀◀①

1. 公司债券，只能为记名债券。(　　)
2. 公司以实物券方式发行公司债券的，必须在债券上载明公司名称、债券票面金额、利率、长偿还期限。(　　)
3. 公司发行公司债券应当置备公司债券存根簿。(　　)

① 【答案】1. ×，解析：《公司法》第156条。2. √。3. √。4. ABC。5. ABC。6. 姓名；名称；住所。7. 可转换公司债券。

4. 公司债券募集办法中应当载明下列哪些事项？（　　）

A. 公司名称　　　　　　B. 债券募集资金的用途

C. 债券担保情况　　　　D. 公司财务状况

5. 记名公司债券，由债券持有人以（　　）方式转让。

A. 背书　　　　　　　　B. 法律规定的方式

C. 行政法规规定的方式　D. 司法解释规定的方式

6. 记名公司债券转让后，由公司将受让人的____或者____及____记载于公司债券存根簿。

7. 发行可转换为股票的公司债券，应当在债券上标明____字样。

第八章　公司财务、会计

★ **第一百六十三条　【公司财务与会计制度】**公司应当依照法律、行政法规和国务院财政部门的规定建立本公司的财务、会计制度。

注释

财务制度，是指公司资金管理、成本费用的计算、营业收入的分配、货币的管理、公司的财务报告、公司的清算及公司纳税等方面的规程。会计制度，是指会计记账、会计核算等方面的规程，它是公司生产经管过程中各种财务制度的具体反映。公司的财务制度是通过会计制度来实现的。

第一百六十四条　【财务会计报告】公司应当在每一会计年度终了时编制财务会计报告，并依法经会计师事务所审计。

财务会计报告应当依照法律、行政法规和国务院财政部门的规定制作。

第一百六十五条　【财务会计报告的公示】有限责任公司应当依照公司章程规定的期限将财务会计报告送交各股东。

股份有限公司的财务会计报告应当在召开股东大会年会的二十日前置备于本公司，供股东查阅；公开发行股票的股份有限公司必须公告其财务会计报告。

★★ 第一百六十六条 【法定公积金与任意公积金】 公司分配当年税后利润时，应当提取利润的百分之十列入公司法定公积金。公司法定公积金累计额为公司注册资本的百分之五十以上的，可以不再提取。

公司的法定公积金不足以弥补以前年度亏损的，在依照前款规定提取法定公积金之前，应当先用当年利润弥补亏损。

公司从税后利润中提取法定公积金后，经股东会或者股东大会决议，还可以从税后利润中提取任意公积金。

公司弥补亏损和提取公积金后所余税后利润，有限责任公司依照本法第三十四条的规定分配；股份有限公司按照股东持有的股份比例分配，但股份有限公司章程规定不按持股比例分配的除外。

股东会、股东大会或者董事会违反前款规定，在公司弥补亏损和提取法定公积金之前向股东分配利润的，股东必须将违反规定分配的利润退还公司。

公司持有的本公司股份不得分配利润。

注释

公积金，又称储备金，是公司为了巩固自身的财产基础，提高公司的信用和预防意外亏损，依照法律和公司章程的规定，在公司资本以外积存的资金。依据公积金提取的来源，分为盈余公积金和资本公积金；依据公积金的提取是否基于法律的强制性规定，分为法定公积金和任意（盈余）公积金。

法定公积金包括法定盈余公积金和法定资本公积金。《公司法》所称的法定公积金是指法定盈余公积金，即从公司盈余中必须提取的积金。

第一百六十七条　【股份有限公司资本公积金】 股份有限公司以超过股票票面金额的发行价格发行股份所得的溢价款以及国务院财政部门规定列入资本公积金的其他收入，应当列为公司资本公积金。

☆ **第一百六十八条　【公积金的用途】** 公司的公积金用于弥补公司的亏损、扩大公司生产经营或者转为增加公司资本。但是，资本公积金不得用于弥补公司的亏损。

法定公积金转为资本时，所留存的该项公积金不得少于转增前公司注册资本的百分之二十五。

第一百六十九条　【会计师事务所】 公司聘用、

解聘承办公司审计业务的会计师事务所，依照公司章程的规定，由股东会、股东大会或者董事会决定。

公司股东会、股东大会或者董事会就解聘会计师事务所进行表决时，应当允许会计师事务所陈述意见。

第一百七十条　【会计资料的真实提供】公司应当向聘用的会计师事务所提供真实、完整的会计凭证、会计账簿、财务会计报告及其他会计资料，不得拒绝、隐匿、谎报。

第一百七十一条　【会计账簿】公司除法定的会计账簿外，不得另立会计账簿。

对公司资产，不得以任何个人名义开立账户存储。

▶▶小测试◀◀①

1. 公司应当依照法律、行政法规和国务院财政部门的规定建立本公司的财务、会计制度。(　　)
2. 股份有限公司的财务会计报告应当在召开股东大会年会的(　　)日前置备于本公司，供股东查阅。

   A. 10　　B. 20　　C. 30　　D. 40
3. 公司分配当年税后利润时，应当提取利润的____列入公司法定公积金。公司法定公积金累计额为公司注册资本的____以上的，可以不再提取。

① 【答案】1. √。2. B。3. 10%；50%。

第九章　公司合并、分立、增资、减资

☆☆ **第一百七十二条　【公司的合并】**公司合并可以采取吸收合并或者新设合并。

一个公司吸收其他公司为吸收合并，被吸收的公司解散。两个以上公司合并设立一个新的公司为新设合并，合并各方解散。

★ **第一百七十三条　【公司合并的程序】**公司合并，应当由合并各方签订合并协议，并编制资产负债表及财产清单。公司应当自作出合并决议之日起十日内通知债权人，并于三十日内在报纸上公告。债权人自接到通知书之日起三十日内，未接到通知书的自公告之日起四十五日内，可以要求公司清偿债务或者提供相应的担保。

★ **第一百七十四条　【公司合并债权债务的承继】**公司合并时，合并各方的债权、债务，应当由合并后存续的公司或者新设的公司承继。

注释

公司合并的法律后果之一就是债权、债务承继。所谓债权、债务承继，是指合并后存续的公司或者新设立的公司，必须无条件地接受因合并而消灭的公司的对外债权与债务。合并后公司有权对原来公司的债权进行清理并予以收取，有义务清偿原公司的债务。

★★ **第一百七十五条　【公司的分立】** 公司分立，其财产作相应的分割。

公司分立，应当编制资产负债表及财产清单。公司应当自作出分立决议之日起十日内通知债权人，并于三十日内在报纸上公告。

★ **第一百七十六条　【公司分立的债权承继】** 公司分立前的债务由分立后的公司承担连带责任。但是，公司在分立前与债权人就债务清偿达成的书面协议另有约定的除外。

注释

公司分立前债务的承担办法是：一是按约定办理。债权人与分立的公司就债务清偿问题达成书面协议的，按照协议办理。如一方不履行协议的，另一方可依法定程序请求履行协议。二是承担连带责任。公司分立前未与债权人就清偿问题达成书面协议的，分立后的公司承担连带责任。债权人可以向分立后的任何一方请求自己的债权，要求履行偿还义务。被请求的一方不得以各种非法定的理由拒绝履行偿还义务。

★★ **第一百七十七条　【公司减资】**公司需要减少注册资本时，必须编制资产负债表及财产清单。

公司应当自作出减少注册资本决议之日起十日内通知债权人，并于三十日内在报纸上公告。债权人自接到通知书之日起三十日内，未接到通知书的自公告之日起四十五日内，有权要求公司清偿债务或者提供相应的担保。

★ **第一百七十八条　【公司增资】**有限责任公司增加注册资本时，股东认缴新增资本的出资，依照本法设立有限责任公司缴纳出资的有关规定执行。

股份有限公司为增加注册资本发行新股时，股东认购新股，依照本法设立股份有限公司缴纳股款的有关规定执行。

★★ **第一百七十九条　【公司变更的登记】**公司合并或者分立，登记事项发生变更的，应当依法向公司登记机关办理变更登记；公司解散的，应当依法办理公司注销登记；设立新公司的，应当依法办理公司设立登记。

公司增加或者减少注册资本，应当依法向公司登记机关办理变更登记。

▶▶小测试◀◀①

1. 两个以上公司合并设立一个新的公司为新设合并，合并各方解散。(　　)

2. 公司合并可以采取（　　）方式合并。

　A. 吸收　　　　B. 新设

　C. 分立　　　　D. 创设

3. 公司分立，其财产作相应的____。

4. 公司合并时，合并各方的债权、债务，应当由____或者____承继。

5. 公司分立的，应当自作出分立决议之日起____日内通知债权人，并于____日内在报纸上公告。

6. 公司需要减少注册资本时，必须编制____及____。公司应当自作出减少注册资本决议之日起____日内通知债权人，并于____日内在报纸上公告。

---

① 【答案】1. √。2. AB。3. 分割。4. 合并后存续的公司；新设的公司。5. 10；30。6. 资产负债表；财产清单；10；30。

第十章　公司解散和清算

★ **第一百八十条　【公司解散原因】**公司因下列原因解散：

（一）公司章程规定的营业期限届满或者公司章程规定的其他解散事由出现；

（二）股东会或者股东大会决议解散；

（三）因公司合并或者分立需要解散；

（四）依法被吊销营业执照、责令关闭或者被撤销；

（五）人民法院依照本法第一百八十二条的规定予以解散。

生活小案例

H公司成立于2000年，是全国管道行业中的领军企业，拥有各类专利186个，软件著作权58个。近年来，公司因经营失误出现了资金链断裂、信用下降、无法清偿到期债务困境，负债金额50余亿元，生产经营、技术研发等难以为继。2018年8月，经债权人申请，某市中级人民法院裁定H公司进入破产清算程序。

法院经审理认为，H公司虽陷入经营困境，但作为曾经的管道行业领军企业，仍保留了较为稳定和完整的研发团队以及良好的生产条件，具有一定的发展前景。且在庭外已进行多轮重组工作，与若干投资方进行了程度不同的接触和洽谈，具备重整价值和重整可行性，在通过听证程序充分征求债权人意见后，根据H公司申请，裁定将案件转入重整程序，并批准H公司自行管理财产和营业事务。2019年12月，H公司第二次债权人会议表决通过了重整计划草案。法院裁定批准H公司重整计划。今年疫情发生后，H公司经辖区政府批准于2月10日开工并已恢复生产，现已分别为一些重大工程项目供应管材。

第一百八十一条　【修改公司章程】公司有本法第一百八十条第（一）项情形的，可以通过修改公司章程而存续。

依照前款规定修改公司章程，有限责任公司须经持有三分之二以上表决权的股东通过，股份有限公司须经出席股东大会会议的股东所持表决权的三分之二以上通过。

☆☆ 第一百八十二条　【请求法院解散公司】公司经营管理发生严重困难，继续存续会使股东利益受到重大损失，通过其他途径不能解决的，持有公司全部股东表决权百分之十以上的股东，可以请求人民法院解散公司。

☞ **相关法条**

《公司法解释（二）》第1、3~6条

★★ **第一百八十三条 【清算组的成立与组成】** 公司因本法第一百八十条第（一）项、第（二）项、第（四）项、第（五）项规定而解散的，应当在解散事由出现之日起十五日内成立清算组，开始清算。有限责任公司的清算组由股东组成，股份有限公司的清算组由董事或者股东大会确定的人员组成。逾期不成立清算组进行清算的，债权人可以申请人民法院指定有关人员组成清算组进行清算。人民法院应当受理该申请，并及时组织清算组进行清算。

☞ **相关法条**

《公司法解释（二）》第2、7条

★★ **第一百八十四条 【清算组的职权】** 清算组在清算期间行使下列职权：

（一）清理公司财产，分别编制资产负债表和财产清单；

（二）通知、公告债权人；

（三）处理与清算有关的公司未了结的业务；

（四）清缴所欠税款以及清算过程中产生的税款；

（五）清理债权、债务；

（六）处理公司清偿债务后的剩余财产；

（七）代表公司参与民事诉讼活动。

请求自己的债权，要求履行偿还义务。被请求的一方不得以各种非法定的理由拒绝履行偿还义务。

注释

清算组，又称为清算人，是指在公司清算期间负责清算事务执行的法定组织，在清算期间，清算组是公司业务的执行机构，全面负责公司相关业务的处理。

☞ **相关法条**

《公司法解释（二）》第10条

★ **第一百八十五条　【债权人申报债权】** 清算组应当自成立之日起十日内通知债权人，并于六十日内在报纸上公告。债权人应当自接到通知书之日起三十日内，未接到通知书的自公告之日起四十五日内，向清算组申报其债权。

债权人申报债权，应当说明债权的有关事项，并提供证明材料。清算组应当对债权进行登记。

在申报债权期间，清算组不得对债权人进行

清偿。

☞ **相关法条**

《公司法解释（二）》第 11~14 条

★ **第一百八十六条　【清算程序】**清算组在清理公司财产、编制资产负债表和财产清单后，应当制定清算方案，并报股东会、股东大会或者人民法院确认。

公司财产在分别支付清算费用、职工的工资、社会保险费用和法定补偿金，缴纳所欠税款，清偿公司债务后的剩余财产，有限责任公司按照股东的出资比例分配，股份有限公司按照股东持有的股份比例分配。

清算期间，公司存续，但不得开展与清算无关的经营活动。公司财产在未依照前款规定清偿前，不得分配给股东。

☞ **相关法条**

《公司法解释（二）》第 15、16 条

★ **第一百八十七条　【破产申请】**清算组在清理公司财产、编制资产负债表和财产清单后，发现公司财产不足清偿债务的，应当依法向人民法院申请宣告破产。

公司经人民法院裁定宣告破产后，清算组应当将清算事务移交给人民法院。

☞ **相关法条**

《企业破产法》

《公司法解释（二）》第 17 条

★ **第一百八十八条 【公司注销】** 公司清算结束后，清算组应当制作清算报告，报股东会、股东大会或者人民法院确认，并报送公司登记机关，申请注销公司登记，公告公司终止。

☞ **相关法条**

《民法典》第 68 条

第一百八十九条 【清算组成员的义务与责任】 清算组成员应当忠于职守，依法履行清算义务。

清算组成员不得利用职权收受贿赂或者其他非法收入，不得侵占公司财产。

清算组成员因故意或者重大过失给公司或者债权人造成损失的，应当承担赔偿责任。

☞ **相关法条**

《公司法解释（二）》第 9、18~23 条

★ **第一百九十条 【公司破产】** 公司被依法宣告破产的，依照有关企业破产的法律实施破产清算。

注释

公司破产，是指公司不能清偿到期债务时，为保护债权人的利益，依法定程序，将公司的财产依法在全体债权人之间按比例公平分配的制度。是否宣告公司破产事关股东和债权人的利益，因此，公司不能自行宣告公司破产，债权人也无权宣告公司破产。依据我国法律规定，有权宣告公司破产的机关为人民法院，债权人可以向人民法院申请宣告债务人破产还债，债务人也可以向人民法院申请宣告破产还债。公司破产案件由公司（债务人）所在地人民法院管辖。公司破产清算的具体规范不属于《公司法》调整的内容，人民法院处理公司破产案件可依照《企业破产法》实施破产清算。

☞ 相关法条

《企业破产法》

▶▶小测试◀◀①

1. 公司被依法宣告破产的，依照有关公司法实施破产清算。（　　）
2. 持有公司股东表决权（　　）以上的股东，可以请求人民法院解散公司。

① 【答案】1. ×，解析：《公司法》第190条。2. B。3. ABCD。4. 人民法院。5. 2/3；2/3。6. 股东会；股东大会；人民法院。

A. 1% B. 10%

C. 50% D. 90%

3. 下列哪些情况下，公司解散？（ ）

A. 公司章程规定的营业期限届满

B. 股东会决议解散

C. 公司合并或者分立

D. 公司依法被吊销营业执照

4. 公司经人民法院裁定宣告破产后，清算组应当将清算事务移交给____。

5. 有限责任公司修改公司章程，须经持有____以上表决权的股东通过；股份有限公司须经出席股东大会会议的股东所持表决权的____以上通过。

6. 公司清算结束后，清算组应当制作清算报告，报____、____或者____确认，并报公司登记机关，申请注销公司登记，公告公司终止。

第十一章　外国公司的分支机构

★★ **第一百九十一条　【外国公司的概念】** 本法所称外国公司是指依照外国法律在中国境外设立的公司。

第一百九十二条　【设立程序】 外国公司在中国境内设立分支机构，必须向中国主管机关提出申请，并提交其公司章程、所属国的公司登记证书等有关文件，经批准后，向公司登记机关依法办理登记，领取营业执照。

外国公司分支机构的审批办法由国务院另行规定。

第一百九十三条　【设立条件】 外国公司在中国境内设立分支机构，必须在中国境内指定负责该分支机构的代表人或者代理人，并向该分支机构拨付与其所从事的经营活动相适应的资金。

对外国公司分支机构的经营资金需要规定最低限额的，由国务院另行规定。

★ **第一百九十四条　【名称】** 外国公司的分支机构应当在其名称中标明该外国公司的国籍及责任形式。

外国公司的分支机构应当在本机构中置备该外国

公司章程。

☆☆ **第一百九十五条　【法律地位】**外国公司在中国境内设立的分支机构不具有中国法人资格。

外国公司对其分支机构在中国境内进行经营活动承担民事责任。

第一百九十六条　【活动原则】经批准设立的外国公司分支机构，在中国境内从事业务活动，必须遵守中国的法律，不得损害中国的社会公共利益，其合法权益受中国法律保护。

☆ **第一百九十七条　【撤销与清算】**外国公司撤销其在中国境内的分支机构时，必须依法清偿债务，依照本法有关公司清算程序的规定进行清算。未清偿债务之前，不得将其分支机构的财产移至中国境外。

生活小案例

问：美国A公司看好中国市场前景，遂在我国境内设立一分支机构，并向该分支机构拨付了充足资金。当该分支机构对外所签订的合同被宣告无效后，该无效责任由谁承担？

答：A公司。

▶▶小测试◀◀①

1. 外国公司在中国境内设立分支机构，无须向中国主管机关提出申请。（　　）

2. 经批准设立的外国公司分支机构，在中国境内从事业务活动，必须遵守（　　）。

   A. 外国的法律　　B. 中国的法律

   C. 国际公约　　D. 双边条约

3. 外国公司的分支机构应当在其名称中标明该外国公司的____及____。外国公司的分支机构应当在本机构中置备该外国公司____。

4. 外国公司在中国境内设立的分支机构不具有____。外国公司对其分支机构在____进行经营活动承担民事责任。

① 【答案】1. ×，解析：《公司法》第192条。2. B。3. 国籍；责任形式；章程。4. 中国法人资格；中国境内。

第十二章　法律责任

第一百九十八条　【虚报注册资本的法律责任】违反本法规定，虚报注册资本、提交虚假材料或者采取其他欺诈手段隐瞒重要事实取得公司登记的，由公司登记机关责令改正，对虚报注册资本的公司，处以虚报注册资本金额百分之五以上百分之十五以下的罚款；对提交虚假材料或者采取其他欺诈手段隐瞒重要事实的公司，处以五万元以上五十万元以下的罚款；情节严重的，撤销公司登记或者吊销营业执照。

第一百九十九条　【虚假出资的法律责任】公司的发起人、股东虚假出资，未交付或者未按期交付作为出资的货币或者非货币财产的，由公司登记机关责令改正，处以虚假出资金额百分之五以上百分之十五以下的罚款。

☞ **相关法条**

《刑法》第159条

第二百条　【抽逃出资的法律责任】公司的发起人、股东在公司成立后，抽逃其出资的，由公司登记机关责令改正，处以所抽逃出资金额百分之五以上百分之十五以下的罚款。

第二百零一条　【违反财务制度的法律责任】公司违反本法规定，在法定的会计账簿以外另立会计账簿的，由县级以上人民政府财政部门责令改正，处以五万元以上五十万元以下的罚款。

☞ **相关法条**

《刑法》第271条、第382条

第二百零二条　【提供虚假财务报告的法律责任】公司在依法向有关主管部门提供的财务会计报告等材料上作虚假记载或者隐瞒重要事实的，由有关主管部门对直接负责的主管人员和其他直接责任人员处以三万元以上三十万元以下的罚款。

第二百零三条　【违法提取法定公积金的法律责任】公司不依照本法规定提取法定公积金的，由县级以上人民政府财政部门责令如数补足应当提取的金额，可以对公司处以二十万元以下的罚款。

第二百零四条　【公司合并、分立、减资、清算中违法行为的法律责任】公司在合并、分立、减少注册资本或者进行清算时，不依照本法规定通知或者公告债权人的，由公司登记机关责令改正，对公司处以一万元以上十万元以下的罚款。

公司在进行清算时，隐匿财产，对资产负债表或者财产清单作虚假记载或者在未清偿债务前分配公司财产的，由公司登记机关责令改正，对公司处以隐匿财产或者未清偿债务前分配公司财产金额百分之五以上百分之十以下的罚款；对直接负责的主管人员和其他直接责任人员处以一万元以上十万元以下的罚款。

☞ **相关法条**

《刑法》第 162 条、第 162 条之一、第 162 条之二

★ **第二百零五条　【清算组违法经营活动的法律责任】** 公司在清算期间开展与清算无关的经营活动的，由公司登记机关予以警告，没收违法所得。

注 释

公司进入清算期间，公司仍然存续，但权利能力和行为能力受到限制，不得开展与清算活动无关的经营活动，其全部活动应局限于清理公司已经发生但尚未了结的事务，包括清偿债务、实现债权以及处理公司内部事务。

第二百零六条　【清算组其他违法活动的法律责任】 清算组不依照本法规定向公司登记机关报送清算报告，或者报送清算报告隐瞒重要事实或者有重大遗漏的，由公司登记机关责令改正。

清算组成员利用职权徇私舞弊、谋取非法收入或者侵占公司财产的，由公司登记机关责令退还公司财产，没收违法所得，并可以处以违法所得一倍以上五倍以下的罚款。

第二百零七条　【中介机构违法的法律责任】 承担资产评估、验资或者验证的机构提供虚假材料的，由公司登记机关没收违法所得，处以违法所得一倍以上五倍以下的罚款，并可以由有关主管部门依法责令该机构停业、吊销直接责任人员的资格证书，吊销营业执照。

承担资产评估、验资或者验证的机构因过失提供有重大遗漏的报告的，由公司登记机关责令改正，情节较重的，处以所得收入一倍以上五倍以下的罚款，并可以由有关主管部门依法责令该机构停业、吊销直接责任人员的资格证书，吊销营业执照。

承担资产评估、验资或者验证的机构因其出具的评估结果、验资或者验证证明不实，给公司债权人造成损失的，除能够证明自己没有过错的外，在其评估或者证明不实的金额范围内承担赔偿责任。

☞ **相关法条**

《刑法》第229条

第二百零八条　【公司登记机关违法的法律责任】公司登记机关对不符合本法规定条件的登记申请予以登记，或者对符合本法规定条件的登记申请不予登记的，对直接负责的主管人员和其他直接责任人员，依法给予行政处分。

☞ **相关法条**

《刑法》第 403 条

第二百零九条　【公司登记机关的上级部门违法的法律责任】公司登记机关的上级部门强令公司登记机关对不符合本法规定条件的登记申请予以登记，或者对符合本法规定条件的登记申请不予登记的，或者对违法登记进行包庇的，对直接负责的主管人员和其他直接责任人员依法给予行政处分。

☞ **相关法条**

《刑法》第 310 条、第 403 条

第二百一十条　【假冒公司名义的法律责任】未依法登记为有限责任公司或者股份有限公司，而冒用有限责任公司或者股份有限公司名义的，或者未依法登记为有限责任公司或者股份有限公司的分公司，而冒用有限责任公司或者股份有限公司的分公司名义的，由公司登记机关责令改正或者予以取缔，可以并处十万元以下的罚款。

第二百一十一条　【逾期开业、停业、不依法办理变更登记的法律责任】公司成立后无正当理由超过六个月未开业的，或者开业后自行停业连续六个月以上的，可以由公司登记机关吊销营业执照。

公司登记事项发生变更时，未依照本法规定办理有关变更登记的，由公司登记机关责令限期登记；逾期不登记的，处以一万元以上十万元以下的罚款。

第二百一十二条　【外国公司擅自设立分支机构的法律责任】外国公司违反本法规定，擅自在中国境内设立分支机构的，由公司登记机关责令改正或者关闭，可以并处五万元以上二十万元以下的罚款。

第二百一十三条　【公司严重违法行为的法律责任】利用公司名义从事危害国家安全、社会公共利益的严重违法行为的，吊销营业执照。

第二百一十四条　【民事赔偿优先】公司违反本法规定，应当承担民事赔偿责任和缴纳罚款、罚金的，其财产不足以支付时，先承担民事赔偿责任。

第二百一十五条　【刑事责任】违反本法规定，构成犯罪的，依法追究刑事责任。

▶▶小测试◀◀①

1. 公司登记机关对不符合公司法规定条件的登记申请予以登记，对直接负责的主管人员和其他责任人员，依法给予刑事处分。(　　)

2. 公司不依照公司法规定提取法定公积金的，可以对公司处以(　　)万元以下的罚款。

   A. 10　　　　B. 20

   C. 30　　　　D. 40

3. 利用公司名义从事危害____、____的严重违法行为的，吊销营业执照。

4. 公司成立后无正当理由超过____个月未开业的，或者开业后自行停业连续____个月以上的，可以由公司登记机关吊销营业执照。

5. 外国公司违反《公司法》规定，擅自在中国境内设立分支机构的，由公司登记机关____或者____，可以并处5万元以上____万元以下的罚款。

① 【答案】1. ×，解析：《公司法》第208条。2. B。3. 国家安全；社会公共利益。4. 6；6。5. 责令改正；关闭；20。

第十三章　附　　则

第二百一十六条　【本法相关用语的含义】本法下列用语的含义：

（一）高级管理人员，是指公司的经理、副经理、财务负责人，上市公司董事会秘书和公司章程规定的其他人员。

（二）控股股东，是指其出资额占有限责任公司资本总额百分之五十以上或者其持有的股份占股份有限公司股本总额百分之五十以上的股东；出资额或者持有股份的比例虽然不足百分之五十，但依其出资额或者持有的股份所享有的表决权已足以对股东会、股东大会的决议产生重大影响的股东。

（三）实际控制人，是指虽不是公司的股东，但通过投资关系、协议或者其他安排，能够实际支配公司行为的人。

（四）关联关系，是指公司控股股东、实际控制人、董事、监事、高级管理人员与其直接或者间接控制的企业之间的关系，以及可能导致公司利益转移的其他关系。但是，国家控股的企业之间不仅因为同受国家控股而具有关联关系。

第二百一十七条　【外资公司的法律适用】外商投资的有限责任公司和股份有限公司适用本法；有关外商投资的法律另有规定的，适用其规定。

第二百一十八条　【施行日期】本法自2006年1月1日起施行。

最高人民法院关于适用《中华人民共和国公司法》若干问题的规定（一）

（2006年3月27日最高人民法院审判委员会第1382次会议通过　根据2014年2月17日最高人民法院审判委员会第1607次会议《最高人民法院关于修改关于适用〈中华人民共和国公司法〉若干问题的规定的决定》修正　2014年2月20日最高人民法院公告公布）

为正确适用2005年10月27日十届全国人大常委会第十八次会议修订的《中华人民共和国公司法》，对人民法院在审理相关的民事纠纷案件中，具体适用公司法的有关问题规定如下：

第一条　公司法实施后，人民法院尚未审结的和新受理的民事案件，其民事行为或事件发生在公司法实施以前的，适用当时的法律法规和司法解释。

第二条 因公司法实施前有关民事行为或者事件发生纠纷起诉到人民法院的，如当时的法律法规和司法解释没有明确规定时，可参照适用公司法的有关规定。

第三条 原告以公司法第二十二条第二款、第七十四条第二款规定事由，向人民法院提起诉讼时，超过公司法规定期限的，人民法院不予受理。

第四条 公司法第一百五十一条规定的 180 日以上连续持股期间，应为股东向人民法院提起诉讼时，已期满的持股时间；规定的合计持有公司百分之一以上股份，是指两个以上股东持股份额的合计。

第五条 人民法院对公司法实施前已经终审的案件依法进行再审时，不适用公司法的规定。

第六条 本规定自公布之日起实施。

最高人民法院关于适用《中华人民共和国公司法》若干问题的规定（二）

（2008年5月5日最高人民法院审判委员会第1447次会议通过　根据2014年2月17日最高人民法院审判委员会第1607次会议《最高人民法院关于修改关于适用〈中华人民共和国公司法〉若干问题的规定的决定》第一次修正　根据2020年12月23日最高人民法院审判委员会第1823次会议通过的《最高人民法院关于修改〈最高人民法院关于破产企业国有划拨土地使用权应否列入破产财产等问题的批复〉等二十九件商事类司法解释的决定》第二次修正　2020年12月29日最高人民法院公告公布）

为正确适用《中华人民共和国公司法》，结合审判实践，就人民法院审理公司解散和清算案件适用法律问题作出如下规定。

☆☆ **第一条** 单独或者合计持有公司全部股东表决权百分之十以上的股东，以下列事由之一提起解散公司诉讼，并符合公司法第一百八十二条规定的，人民法院应予受理：

（一）公司持续两年以上无法召开股东会或者股东大会，公司经营管理发生严重困难的；

（二）股东表决时无法达到法定或者公司章程规定的比例，持续两年以上不能做出有效的股东会或者股东大会决议，公司经营管理发生严重困难的；

（三）公司董事长期冲突，且无法通过股东会或者股东大会解决，公司经营管理发生严重困难的；

（四）经营管理发生其他严重困难，公司继续存续会使股东利益受到重大损失的情形。

股东以知情权、利润分配请求权等权益受到损害，或者公司亏损、财产不足以偿还全部债务，以及公司被吊销企业法人营业执照未进行清算等为由，提起解散公司诉讼的，人民法院不予受理。

★★ **第二条** 股东提起解散公司诉讼，同时又申请人民法院对公司进行清算的，人民法院对其提出的清算申请不予受理。人民法院可以告知原告，在人民法院判决解散公司后，依据民法典第七十条、公司法第一百八十三条和本规定第七条的规定，自行组织清算或者另行申请人民法院对公司进行清算。

☆ **第三条** 股东提起解散公司诉讼时，向人民法院申请财产保全或者证据保全的，在股东提供担保且不影响公司正常经营的情形下，人民法院可予以保全。

★★ **第四条** 股东提起解散公司诉讼应当以公司为被告。

原告以其他股东为被告一并提起诉讼的，人民法院应当告知原告将其他股东变更为第三人；原告坚持不予变更的，人民法院应当驳回原告对其他股东的起诉。

原告提起解散公司诉讼应当告知其他股东，或者由人民法院通知其参加诉讼。其他股东或者有关利害关系人申请以共同原告或者第三人身份参加诉讼的，人民法院应予准许。

☆ **第五条** 人民法院审理解散公司诉讼案件，应当注重调解。当事人协商同意由公司或者股东收购股份，或者以减资等方式使公司存续，且不违反法律、行政法规强制性规定的，人民法院应予支持。当事人不能协商一致使公司存续的，人民法院应当及时判决。

经人民法院调解公司收购原告股份的，公司应当自调解书生效之日起六个月内将股份转让或者注销。股份转让或者注销之前，原告不得以公司收购其股份为由对抗公司债权人。

第六条 人民法院关于解散公司诉讼作出的判决，对公司全体股东具有法律约束力。

人民法院判决驳回解散公司诉讼请求后，提起该诉讼的股东或者其他股东又以同一事实和理由提起解散公司诉讼的，人民法院不予受理。

第七条 公司应当依照民法典第七十条、公司法第一百八十三条的规定，在解散事由出现之日起十五日内成立清算组，开始自行清算。

有下列情形之一，债权人、公司股东、董事或其他利害关系人申请人民法院指定清算组进行清算的，人民法院应予受理：

（一）公司解散逾期不成立清算组进行清算的；

（二）虽然成立清算组但故意拖延清算的；

（三）违法清算可能严重损害债权人或者股东利益的。

★ **第八条** 人民法院受理公司清算案件，应当及时指定有关人员组成清算组。

清算组成员可以从下列人员或者机构中产生：

（一）公司股东、董事、监事、高级管理人员；

（二）依法设立的律师事务所、会计师事务所、破产清算事务所等社会中介机构；

（三）依法设立的律师事务所、会计师事务所、破产清算事务所等社会中介机构中具备相关专业知识并取得执业资格的人员。

第九条 人民法院指定的清算组成员有下列情形之一的，人民法院可以根据债权人、公司股东、董事或其他利害关系人的申请，或者依职权更换清算组成员：

（一）有违反法律或者行政法规的行为；

（二）丧失执业能力或者民事行为能力；

（三）有严重损害公司或者债权人利益的行为。

第十条 公司依法清算结束并办理注销登记前，有关公司的民事诉讼，应当以公司的名义进行。

公司成立清算组的，由清算组负责人代表公司参加诉讼；尚未成立清算组的，由原法定代表人代表公司参加诉讼。

第十一条 公司清算时，清算组应当按照公司法

第一百八十五条的规定，将公司解散清算事宜书面通知全体已知债权人，并根据公司规模和营业地域范围在全国或者公司注册登记地省级有影响的报纸上进行公告。

清算组未按照前款规定履行通知和公告义务，导致债权人未及时申报债权而未获清偿，债权人主张清算组成员对因此造成的损失承担赔偿责任的，人民法院应依法予以支持。

第十二条 公司清算时，债权人对清算组核定的债权有异议的，可以要求清算组重新核定。清算组不予重新核定，或者债权人对重新核定的债权仍有异议，债权人以公司为被告向人民法院提起诉讼请求确认的，人民法院应予受理。

第十三条 债权人在规定的期限内未申报债权，在公司清算程序终结前补充申报的，清算组应予登记。

公司清算程序终结，是指清算报告经股东会、股东大会或者人民法院确认完毕。

第十四条 债权人补充申报的债权，可以在公司尚未分配财产中依法清偿。公司尚未分配财产不能全额清偿，债权人主张股东以其在剩余财产分配中已经取得的财产予以清偿的，人民法院应予支持；但债权人因重大过错未在规定期限内申报债权的除外。

债权人或者清算组，以公司尚未分配财产和股东在剩余财产分配中已经取得的财产，不能全额清偿补充申报的债权为由，向人民法院提出破产清算申请的，人民法院不予受理。

第十五条 公司自行清算的，清算方案应当报股东会或者股东大会决议确认；人民法院组织清算的，清算方案应当报人民法院确认。未经确认的清算方案，清算组不得执行。

执行未经确认的清算方案给公司或者债权人造成损失，公司、股东、董事、公司其他利害关系人或者债权人主张清算组成员承担赔偿责任的，人民法院应依法予以支持。

第十六条 人民法院组织清算的，清算组应当自成立之日起六个月内清算完毕。

因特殊情况无法在六个月内完成清算的，清算组应当向人民法院申请延长。

第十七条 人民法院指定的清算组在清理公司财产、编制资产负债表和财产清单时，发现公司财产不足清偿债务的，可以与债权人协商制作有关债务清偿方案。

债务清偿方案经全体债权人确认且不损害其他利害关系人利益的，人民法院可依清算组的申请裁定予以认可。清算组依据该清偿方案清偿债务后，应当向人民法院申请裁定终结清算程序。

债权人对债务清偿方案不予确认或者人民法院不予认可的，清算组应当依法向人民法院申请宣告破产。

第十八条 有限责任公司的股东、股份有限公司的董事和控股股东未在法定期限内成立清算组开始清算，导致公司财产贬值、流失、毁损或者灭失，债权人主张其在造成损失范围内对公司债务承担赔偿责任的，人民法院应依法予以支持。

有限责任公司的股东、股份有限公司的董事和控股股东因怠于履行义务，导致公司主要财产、账册、重要文件等灭失，无法进行清算，债权人主张其对公司债务承担连带清偿责任的，人民法院应依法予以支持。

上述情形系实际控制人原因造成，债权人主张实际控制人对公司债务承担相应民事责任的，人民法院应依法予以支持。

第十九条　有限责任公司的股东、股份有限公司的董事和控股股东，以及公司的实际控制人在公司解散后，恶意处置公司财产给债权人造成损失，或者未经依法清算，以虚假的清算报告骗取公司登记机关办理法人注销登记，债权人主张其对公司债务承担相应赔偿责任的，人民法院应依法予以支持。

第二十条　公司解散应当在依法清算完毕后，申请办理注销登记。公司未经清算即办理注销登记，导致公司无法进行清算，债权人主张有限责任公司的股东、股份有限公司的董事和控股股东，以及公司的实际控制人对公司债务承担清偿责任的，人民法院应依法予以支持。

公司未经依法清算即办理注销登记，股东或者第三人在公司登记机关办理注销登记时承诺对公司债务承担责任，债权人主张其对公司债务承担相应民事责任的，人民法院应依法予以支持。

第二十一条　按照本规定第十八条和第二十条第一款的规定应当承担责任的有限责任公司的股东、股份有限公司的董事和控股股东，以及公司的实际控制人为二人以上的，其中一人或者数人依法承担民事责任后，主张其他人员按照过错大小分担责任的，人民法院应依法予以支持。

第二十二条 公司解散时，股东尚未缴纳的出资均应作为清算财产。股东尚未缴纳的出资，包括到期应缴未缴的出资，以及依照公司法第二十六条和第八十条的规定分期缴纳尚未届满缴纳期限的出资。

公司财产不足以清偿债务时，债权人主张未缴出资股东，以及公司设立时的其他股东或者发起人在未缴出资范围内对公司债务承担连带清偿责任的，人民法院应依法予以支持。

第二十三条 清算组成员从事清算事务时，违反法律、行政法规或者公司章程给公司或者债权人造成损失，公司或者债权人主张其承担赔偿责任的，人民法院应依法予以支持。

有限责任公司的股东、股份有限公司连续一百八十日以上单独或者合计持有公司百分之一以上股份的股东，依据公司法第一百五十一条第三款的规定，以清算组成员有前款所述行为为由向人民法院提起诉讼的，人民法院应予受理。

公司已经清算完毕注销，上述股东参照公司法第一百五十一条第三款的规定，直接以清算组成员为被告、其他股东为第三人向人民法院提起诉讼的，人民法院应予受理。

第二十四条 解散公司诉讼案件和公司清算案件由公司住所地人民法院管辖。公司住所地是指公司主要办事机构所在地。公司办事机构所在地不明确的，由其注册地人民法院管辖。

基层人民法院管辖县、县级市或者区的公司登记机关核准登记公司的解散诉讼案件和公司清算案件；中级人民法院管辖地区、地级市以上的公司登记机关核准登记公司的解散诉讼案件和公司清算案件。

最高人民法院关于适用《中华人民共和国公司法》若干问题的规定（三）

（2010年12月6日最高人民法院审判委员会第1504次会议通过　根据2014年2月17日最高人民法院审判委员会第1607次会议《最高人民法院关于修改关于适用〈中华人民共和国公司法〉若干问题的规定的决定》第一次修正　根据2020年12月23日最高人民法院审判委员会第1823次会议通过的《最高人民法院关于修改〈最高人民法院关于破产企业国有划拨土地使用权应否列入破产财产等问题的批复〉等二十九件商事类司法解释的决定》第二次修正　2020年12月29日最高人民法院公告公布）

为正确适用《中华人民共和国公司法》，结合审判实践，就人民法院审理公司设立、出资、股权确认等纠纷案件适用法律问题作出如下规定。

第一条 为设立公司而签署公司章程、向公司认购出资或者股份并履行公司设立职责的人，应当认定为公司的发起人，包括有限责任公司设立时的股东。

★★ **第二条** 发起人为设立公司以自己名义对外签订合同，合同相对人请求该发起人承担合同责任的，人民法院应予支持；公司成立后合同相对人请求公司承担合同责任的，人民法院应予支持。

★★ **第三条** 发起人以设立中公司名义对外签订合同，公司成立后合同相对人请求公司承担合同责任的，人民法院应予支持。

公司成立后有证据证明发起人利用设立中公司的名义为自己的利益与相对人签订合同，公司以此为由主张不承担合同责任的，人民法院应予支持，但相对人为善意的除外。

第四条 公司因故未成立，债权人请求全体或者部分发起人对设立公司行为所产生的费用和债务承担连带清偿责任的，人民法院应予支持。

部分发起人依照前款规定承担责任后，请求其他发起人分担的，人民法院应当判令其他发起人按照约定的责任承担比例分担责任；没有约定责任承担比例的，按照约定的出资比例分担责任；没有约定出资比例的，按照均等份额分担责任。

因部分发起人的过错导致公司未成立，其他发起人主张其承担设立行为所产生的费用和债务的，人民法院应当根据过错情况，确定过错一方的责任范围。

第五条 发起人因履行公司设立职责造成他人损害，公司成立后受害人请求公司承担侵权赔偿责任的，人民法院应予支持；公司未成立，受害人请求全体发起人承担连带赔偿责任的，人民法院应予支持。

公司或者无过错的发起人承担赔偿责任后，可以向有过错的发起人追偿。

☆☆ **第六条** 股份有限公司的认股人未按期缴纳所认股份的股款，经公司发起人催缴后在合理期间内仍未缴纳，公司发起人对该股份另行募集的，人民法院应当认定该募集行为有效。认股人延期缴纳股款给公司造成损失，公司请求该认股人承担赔偿责任的，人民法院应予支持。

☆ **第七条** 出资人以不享有处分权的财产出资，当事人之间对于出资行为效力产生争议的，人民法院可以参照民法典第三百一十一条的规定予以认定。

以贪污、受贿、侵占、挪用等违法犯罪所得的货币出资后取得股权的，对违法犯罪行为予以追究、处罚时，应当采取拍卖或者变卖的方式处置其股权。

第八条　出资人以划拨土地使用权出资，或者以设定权利负担的土地使用权出资，公司、其他股东或者公司债权人主张认定出资人未履行出资义务的，人民法院应当责令当事人在指定的合理期间内办理土地变更手续或者解除权利负担；逾期未办理或者未解除的，人民法院应当认定出资人未依法全面履行出资义务。

第九条　出资人以非货币财产出资，未依法评估作价，公司、其他股东或者公司债权人请求认定出资人未履行出资义务的，人民法院应当委托具有合法资格的评估机构对该财产评估作价。评估确定的价额显著低于公司章程所定价额的，人民法院应当认定出资人未依法全面履行出资义务。

第十条　出资人以房屋、土地使用权或者需要办理权属登记的知识产权等财产出资，已经交付公司使用但未办理权属变更手续，公司、其他股东或者公司债权人主张认定出资人未履行出资义务的，人民法院应当责令当事人在指定的合理期间内办理权属变更手续；在前述期间内办理了权属变更手续的，人民法院应当认定其已经履行了出资义务；出资人主张自其实际交付财产给公司使用时享有相应股东权利的，人民法院应予支持。

出资人以前款规定的财产出资，已经办理权属变更手续但未交付给公司使用，公司或者其他股东主张其向公司交付、并在实际交付之前不享有相应股东权利的，人民法院应予支持。

★ **第十一条** 出资人以其他公司股权出资，符合下列条件的，人民法院应当认定出资人已履行出资义务：

（一）出资的股权由出资人合法持有并依法可以转让；

（二）出资的股权无权利瑕疵或者权利负担；

（三）出资人已履行关于股权转让的法定手续；

（四）出资的股权已依法进行了价值评估。

股权出资不符合前款第（一）、（二）、（三）项的规定，公司、其他股东或者公司债权人请求认定出资人未履行出资义务的，人民法院应当责令该出资人在指定的合理期间内采取补正措施，以符合上述条件；逾期未补正的，人民法院应当认定其未依法全面履行出资义务。

股权出资不符合本条第一款第（四）项的规定，公司、其他股东或者公司债权人请求认定出资人未履行出资义务的，人民法院应当按照本规定第九条的规定处理。

☆☆ **第十二条** 公司成立后，公司、股东或者公司债权人以相关股东的行为符合下列情形之一且损害公司权益为由，请求认定该股东抽逃出资的，人民法院应予支持：

（一）制作虚假财务会计报表虚增利润进行分配；

（二）通过虚构债权债务关系将其出资转出；

（三）利用关联交易将出资转出；

（四）其他未经法定程序将出资抽回的行为。

★★ **第十三条** 股东未履行或者未全面履行出资义务，公司或者其他股东请求其向公司依法全面履行出资义务的，人民法院应予支持。

公司债权人请求未履行或者未全面履行出资义务的股东在未出资本息范围内对公司债务不能清偿的部分承担补充赔偿责任的，人民法院应予支持；未履行或者未全面履行出资义务的股东已经承担上述责任，其他债权人提出相同请求的，人民法院不予支持。

股东在公司设立时未履行或者未全面履行出资义

务，依照本条第一款或者第二款提起诉讼的原告，请求公司的发起人与被告股东承担连带责任的，人民法院应予支持；公司的发起人承担责任后，可以向被告股东追偿。

股东在公司增资时未履行或者未全面履行出资义务，依照本条第一款或者第二款提起诉讼的原告，请求未尽公司法第一百四十七条第一款规定的义务而使出资未缴足的董事、高级管理人员承担相应责任的，人民法院应予支持；董事、高级管理人员承担责任后，可以向被告股东追偿。

★★ **第十四条** 股东抽逃出资，公司或者其他股东请求其向公司返还出资本息、协助抽逃出资的其他股东、董事、高级管理人员或者实际控制人对此承担连带责任的，人民法院应予支持。

公司债权人请求抽逃出资的股东在抽逃出资本息范围内对公司债务不能清偿的部分承担补充赔偿责任、协助抽逃出资的其他股东、董事、高级管理人员或者实际控制人对此承担连带责任的，人民法院应予支持；抽逃出资的股东已经承担上述责任，其他债权人提出相同请求的，人民法院不予支持。

★ **第十五条** 出资人以符合法定条件的非货币财产

出资后，因市场变化或者其他客观因素导致出资财产贬值，公司、其他股东或者公司债权人请求该出资人承担补足出资责任的，人民法院不予支持。但是，当事人另有约定的除外。

★★ **第十六条** 股东未履行或者未全面履行出资义务或者抽逃出资，公司根据公司章程或者股东会决议对其利润分配请求权、新股优先认购权、剩余财产分配请求权等股东权利作出相应的合理限制，该股东请求认定该限制无效的，人民法院不予支持。

第十七条 有限责任公司的股东未履行出资义务或者抽逃全部出资，经公司催告缴纳或者返还，其在合理期间内仍未缴纳或者返还出资，公司以股东会决议解除该股东的股东资格，该股东请求确认该解除行为无效的，人民法院不予支持。

在前款规定的情形下，人民法院在判决时应当释明，公司应当及时办理法定减资程序或者由其他股东或者第三人缴纳相应的出资。在办理法定减资程序或者其他股东或者第三人缴纳相应的出资之前，公司债权人依照本规定第十三条或者第十四条请求相关当事人承担相应责任的，人民法院应予支持。

★★ **第十八条** 有限责任公司的股东未履行或者未全

面履行出资义务即转让股权，受让人对此知道或者应当知道，公司请求该股东履行出资义务、受让人对此承担连带责任的，人民法院应予支持；公司债权人依照本规定第十三条第二款向该股东提起诉讼，同时请求前述受让人对此承担连带责任的，人民法院应予支持。

受让人根据前款规定承担责任后，向该未履行或者未全面履行出资义务的股东追偿的，人民法院应予支持。但是，当事人另有约定的除外。

★★ **第十九条** 公司股东未履行或者未全面履行出资义务或者抽逃出资，公司或者其他股东请求其向公司全面履行出资义务或者返还出资，被告股东以诉讼时效为由进行抗辩的，人民法院不予支持。

公司债权人的债权未过诉讼时效期间，其依照本规定第十三条第二款、第十四条第二款的规定请求未履行或者未全面履行出资义务或者抽逃出资的股东承担赔偿责任，被告股东以出资义务或者返还出资义务超过诉讼时效期间为由进行抗辩的，人民法院不予支持。

第二十条 当事人之间对是否已履行出资义务发生争议，原告提供对股东履行出资义务产生合理怀疑证据的，被告股东应当就其已履行出资义务承担举证责任。

第二十一条 当事人向人民法院起诉请求确认其股东资格的，应当以公司为被告，与案件争议股权有利害关系的人作为第三人参加诉讼。

第二十二条 当事人之间对股权归属发生争议，一方请求人民法院确认其享有股权的，应当证明以下事实之一：

（一）已经依法向公司出资或者认缴出资，且不违反法律法规强制性规定；

（二）已经受让或者以其他形式继受公司股权，且不违反法律法规强制性规定。

★★ **第二十三条** 当事人依法履行出资义务或者依法继受取得股权后，公司未根据公司法第三十一条、第三十二条的规定签发出资证明书、记载于股东名册并办理公司登记机关登记，当事人请求公司履行上述义务的，人民法院应予支持。

★ **第二十四条** 有限责任公司的实际出资人与名义出资人订立合同，约定由实际出资人出资并享有投资权益，以名义出资人为名义股东，实际出资人与名义股东对该合同效力发生争议的，如无法律规定的无效情形，人民法院应当认定该合同有效。

前款规定的实际出资人与名义股东因投资权益的归属发生争议，实际出资人以其实际履行了出资义务为由向名义股东主张权利的，人民法院应予支持。名义股东以公司股东名册记载、公司登记机关登记为由否认实际出资人权利的，人民法院不予支持。

实际出资人未经公司其他股东半数以上同意，请求公司变更股东、签发出资证明书、记载于股东名册、记载于公司章程并办理公司登记机关登记的，人民法院不予支持。

★ **第二十五条** 名义股东将登记于其名下的股权转让、质押或者以其他方式处分，实际出资人以其对于股权享有实际权利为由，请求认定处分股权行为无效的，人民法院可以参照民法典第三百一十一条的规定处理。

名义股东处分股权造成实际出资人损失，实际出资人请求名义股东承担赔偿责任的，人民法院应予支持。

★ **第二十六条** 公司债权人以登记于公司登记机关的股东未履行出资义务为由，请求其对公司债务不能清偿的部分在未出资本息范围内承担补充赔偿责任，股东以其仅为名义股东而非实际出资人为由进行抗辩的，人民法院不予支持。

名义股东根据前款规定承担赔偿责任后，向实际出资人追偿的，人民法院应予支持。

第二十七条 股权转让后尚未向公司登记机关办理变更登记，原股东将仍登记于其名下的股权转让、质押或者以其他方式处分，受让股东以其对于股权享有实际权利为由，请求认定处分股权行为无效的，人民法院可以参照民法典第三百一十一条的规定处理。

原股东处分股权造成受让股东损失，受让股东请求原股东承担赔偿责任、对于未及时办理变更登记有过错的董事、高级管理人员或者实际控制人承担相应责任的，人民法院应予支持；受让股东对于未及时办理变更登记也有过错的，可以适当减轻上述董事、高级管理人员或者实际控制人的责任。

★ **第二十八条** 冒用他人名义出资并将该他人作为股东在公司登记机关登记的，冒名登记行为人应当承担相应责任；公司、其他股东或者公司债权人以未履行出资义务为由，请求被冒名登记为股东的承担补足出资责任或者对公司债务不能清偿部分的赔偿责任的，人民法院不予支持。

最高人民法院关于适用《中华人民共和国公司法》若干问题的规定（四）

（2016年12月5日最高人民法院审判委员会第1702次会议通过　根据2020年12月23日最高人民法院审判委员会第1823次会议通过的《最高人民法院关于修改〈最高人民法院关于破产企业国有划拨土地使用权应否列入破产财产等问题的批复〉等二十九件商事类司法解释的决定》修正　2020年12月29日最高人民法院公告公布）

为正确适用《中华人民共和国公司法》，结合人民法院审判实践，现就公司决议效力、股东知情权、利润分配权、优先购买权和股东代表诉讼等案件适用法律问题作出如下规定。

第一条　公司股东、董事、监事等请求确认股东会或者股东大会、董事会决议无效或者不成立的，人民法院应当依法予以受理。

★★ **第二条** 依据民法典第八十五条、公司法第二十二条第二款请求撤销股东会或者股东大会、董事会决议的原告，应当在起诉时具有公司股东资格。

★★ **第三条** 原告请求确认股东会或者股东大会、董事会决议不成立、无效或者撤销决议的案件，应当列公司为被告。对决议涉及的其他利害关系人，可以依法列为第三人。

一审法庭辩论终结前，其他有原告资格的人以相同的诉讼请求申请参加前款规定诉讼的，可以列为共同原告。

★★ **第四条** 股东请求撤销股东会或者股东大会、董事会决议，符合民法典第八十五条、公司法第二十二条第二款规定的，人民法院应当予以支持，但会议召集程序或者表决方式仅有轻微瑕疵，且对决议未产生实质影响的，人民法院不予支持。

★★ **第五条** 股东会或者股东大会、董事会决议存在下列情形之一，当事人主张决议不成立的，人民法院应当予以支持：

（一）公司未召开会议的，但依据公司法第三十七条第二款或者公司章程规定可以不召开股东会或者股东大会而直接作出决定，并由全体股东在决定文件上签名、盖章的除外；

（二）会议未对决议事项进行表决的；

（三）出席会议的人数或者股东所持表决权不符合公司法或者公司章程规定的；

（四）会议的表决结果未达到公司法或者公司章程规定的通过比例的；

（五）导致决议不成立的其他情形。

第六条 股东会或者股东大会、董事会决议被人民法院判决确认无效或者撤销的，公司依据该决议与善意相对人形成的民事法律关系不受影响。

第七条 股东依据公司法第三十三条、第九十七条或者公司章程的规定，起诉请求查阅或者复制公司特定文件材料的，人民法院应当依法予以受理。

公司有证据证明前款规定的原告在起诉时不具有公司股东资格的，人民法院应当驳回起诉，但原告有初步证据证明在持股期间其合法权益受到损害，请求依法查阅或者复制其持股期间的公司特定文件材料的除外。

第八条 有限责任公司有证据证明股东存在下列情形之一的，人民法院应当认定股东有公司法第三十三条第二款规定的“不正当目的”：

（一）股东自营或者为他人经营与公司主营业务有实质性竞争关系业务的，但公司章程另有规定或者全体股东另有约定的除外；

（二）股东为了向他人通报有关信息查阅公司会计账簿，可能损害公司合法利益的；

（三）股东在向公司提出查阅请求之日前的三年内，曾通过查阅公司会计账簿，向他人通报有关信息损害公司合法利益的；

（四）股东有不正当目的的其他情形。

第九条 公司章程、股东之间的协议等实质性剥夺股东依据公司法第三十三条、第九十七条规定查阅或者复制公司文件材料的权利，公司以此为由拒绝股东查阅或者复制的，人民法院不予支持。

第十条 人民法院审理股东请求查阅或者复制公司特定文件材料的案件，对原告诉讼请求予以支持的，应当在判决中明确查阅或者复制公司特定文件材料的时间、地点和特定文件材料的名录。

股东依据人民法院生效判决查阅公司文件材料的，在该股东在场的情况下，可以由会计师、律师等依法或者依据执业行为规范负有保密义务的中介机构执业人员辅助进行。

第十一条 股东行使知情权后泄露公司商业秘密导致公司合法利益受到损害，公司请求该股东赔偿相关损失的，人民法院应当予以支持。

根据本规定第十条辅助股东查阅公司文件材料的会计师、律师等泄露公司商业秘密导致公司合法利益受到损害，公司请求其赔偿相关损失的，人民法院应当予以支持。

第十二条 公司董事、高级管理人员等未依法履行职责，导致公司未依法制作或者保存公司法第三十三条、第九十七条规定的公司文件材料，给股东造成损失，股东依法请求负有相关应责任的公司董事、高级管理人员承担民事赔偿责任的，人民法院应当予以支持。

★ **第十三条** 股东请求公司分配利润案件，应当列公司为被告。

一审法庭辩论终结前，其他股东基于同一分配方案请求分配利润并申请参加诉讼的，应当列为共同原告。

第十四条 股东提交载明具体分配方案的股东会或者股东大会的有效决议，请求公司分配利润，公司拒绝分配利润且其关于无法执行决议的抗辩理由不成立的，人民法院应当判决公司按照决议载明的具体分配方案向股东分配利润。

第十五条 股东未提交载明具体分配方案的股东会或者股东大会决议，请求公司分配利润的，人民法院应当驳回其诉讼请求，但违反法律规定滥用股东权利导致公司不分配利润，给其他股东造成损失的除外。

第十六条 有限责任公司的自然人股东因继承发生变化时，其他股东主张依据公司法第七十一条第三款规定行使优先购买权的，人民法院不予支持，但公司章程另有规定或者全体股东另有约定的除外。

★★ **第十七条** 有限责任公司的股东向股东以外的人转让股权，应就其股权转让事项以书面或者其他能够确认收悉的合理方式通知其他股东征求同意。其他股东半数以上不同意转让，不同意的股东不购买的，人民法院应当认定视为同意转让。

经股东同意转让的股权，其他股东主张转让股东应当向其以书面或者其他能够确认收悉的合理方式通知转让股权的同等条件的，人民法院应当予以支持。

经股东同意转让的股权，在同等条件下，转让股东以外的其他股东主张优先购买的，人民法院应当予以支持，但转让股东依据本规定第二十条放弃转让的除外。

第十八条 人民法院在判断是否符合公司法第七十一条第三款及本规定所称的“同等条件”时，应当考虑转让股权的数量、价格、支付方式及期限等因素。

★★ **第十九条** 有限责任公司的股东主张优先购买转让股权的，应当在收到通知后，在公司章程规定的行使期间内提出购买请求。公司章程没有规定行使期间或者规定不明确的，以通知确定的期间为准，通知确定的期间短于三十日或者未明确行使期间的，行使期间为三十日。

第二十条 有限责任公司的转让股东，在其他股东主张优先购买后又不同意转让股权的，对其他股东优先购买的主张，人民法院不予支持，但公司章程另有规定或者全体股东另有约定的除外。其他股东主张转让股东赔偿其损失合理的，人民法院应当予以支持。

★★ **第二十一条** 有限责任公司的股东向股东以外的人转让股权，未就其股权转让事项征求其他股东意见，或者以欺诈、恶意串通等手段，损害其他股东优先购买权，其他股东主张按照同等条件购买该转让股权的，人民法院应当予以支持，但其他股东自知道或者应当知道行使优先购买权的同等条件之日起三十日内没有主张，或者自股权变更登记之日起超过一年的除外。

前款规定的其他股东仅提出确认股权转让合同及股权变动效力等请求，未同时主张按照同等条件购买转让股权的，人民法院不予支持，但其他股东非因自身原因导致无法行使优先购买权，请求损害赔偿的除外。

股东以外的股权受让人，因股东行使优先购买权而不能实现合同目的的，可以依法请求转让股东承担相应民事责任。

第二十二条 通过拍卖向股东以外的人转让有限责任公司股权的，适用公司法第七十一条第二款、第三款或者第七十二条规定的“书面通知”“通知”“同等条件”时，根据相关法律、司法解释确定。

在依法设立的产权交易场所转让有限责任公司国有股权的，适用公司法第七十一条第二款、第三款或者第七十二条规定的“书面通知”“通知”“同等条件”时，可以参照产权交易场所的交易规则。

★★ **第二十三条** 监事会或者不设监事会的有限责任公司的监事依据公司法第一百五十一条第一款规定对董事、高级管理人员提起诉讼的，应当列公司为原告，依法由监事会主席或者不设监事会的有限责任公司的监事代表公司进行诉讼。

董事会或者不设董事会的有限责任公司的执行董事依据公司法第一百五十一条第一款规定对监事提起诉讼的，或者依据公司法第一百五十一条第三款规定对他人提起诉讼的，应当列公司为原告，依法由董事长或者执行董事代表公司进行诉讼。

★★★ **第二十四条** 符合公司法第一百五十一条第一款规定条件的股东，依据公司法第一百五十一条第二款、第三款规定，直接对董事、监事、高级管理人员或者他人提起诉讼的，应当列公司为第三人参加诉讼。

一审法庭辩论终结前，符合公司法第一百五十一条第一款规定条件的其他股东，以相同的诉讼请求申请参加诉讼的，应当列为共同原告。

★ **第二十五条** 股东依据公司法第一百五十一条第二款、第三款规定直接提起诉讼的案件，胜诉利益归属于公司。股东请求被告直接向其承担民事责任的，人民法院不予支持。

★ **第二十六条** 股东依据公司法第一百五十一条第二款、第三款规定直接提起诉讼的案件，其诉讼请求部分或者全部得到人民法院支持的，公司应当承担股东因参加诉讼支付的合理费用。

第二十七条 本规定自 2017 年 9 月 1 日起施行。

本规定施行后尚未终审的案件，适用本规定；本规定施行前已经终审的案件，或者适用审判监督程序再审的案件，不适用本规定。

最高人民法院关于适用《中华人民共和国公司法》若干问题的规定（五）

（2019年4月22日最高人民法院审判委员会第1766次会议通过　根据2020年12月23日最高人民法院审判委员会第1823次会议通过的《最高人民法院关于修改〈最高人民法院关于破产企业国有划拨土地使用权应否列入破产财产等问题的批复〉等二十九件商事类司法解释的决定》修正　2020年12月29日最高人民法院公告公布）

为正确适用《中华人民共和国公司法》，结合人民法院审判实践，就股东权益保护等纠纷案件适用法律问题作出如下规定。

★★ **第一条**　关联交易损害公司利益，原告公司依据民法典第八十四条、公司法第二十一条规定请求控股股东、实际控制人、董事、监事、高级管理人员赔偿所造成的损失，被告仅以该交易已经履行了信息披露、经股东会或者股东大会同意等法律、行政法规或者公司章程规定的程序为由抗辩的，人民法院不予支持。

公司没有提起诉讼的，符合公司法第一百五十一条第一款规定条件的股东，可以依据公司法第一百五十一条第二款、第三款规定向人民法院提起诉讼。

★★ **第二条** 关联交易合同存在无效、可撤销或者对公司不发生效力的情形，公司没有起诉合同相对方的，符合公司法第一百五十一条第一款规定条件的股东，可以依据公司法第一百五十一条第二款、第三款规定向人民法院提起诉讼。

★★ **第三条** 董事任期届满前被股东会或者股东大会有效决议解除职务，其主张解除不发生法律效力的，人民法院不予支持。

董事职务被解除后，因补偿与公司发生纠纷提起诉讼的，人民法院应当依据法律、行政法规、公司章程的规定或者合同的约定，综合考虑解除的原因、剩余任期、董事薪酬等因素，确定是否补偿以及补偿的合理数额。

★★ **第四条** 分配利润的股东会或者股东大会决议作

出后，公司应当在决议载明的时间内完成利润分配。决议没有载明时间的，以公司章程规定的为准。决议、章程中均未规定时间或者时间超过一年的，公司应当自决议作出之日起一年内完成利润分配。

决议中载明的利润分配完成时间超过公司章程规定时间的，股东可以依据民法典第八十五条、公司法第二十二条第二款规定请求人民法院撤销决议中关于该时间的规定。

★★ **第五条** 人民法院审理涉及有限责任公司股东重大分歧案件时，应当注重调解。当事人协商一致以下列方式解决分歧，且不违反法律、行政法规的强制性规定的，人民法院应予支持：

（一）公司回购部分股东股份；

（二）其他股东受让部分股东股份；

（三）他人受让部分股东股份；

（四）公司减资；

（五）公司分立；

（六）其他能够解决分歧，恢复公司正常经营，避免公司解散的方式。

第六条 本规定自2019年4月29日起施行。

本规定施行后尚未终审的案件，适用本规定；本规定施行前已经终审的案件，或者适用审判监督程序再审的案件，不适用本规定。

本院以前发布的司法解释与本规定不一致的，以本规定为准。

附录　实用图表

公司设立程序		
有限公司	股份有限公司	
	发起设立	募集设立
名称预先核准 ↓ 制定章程 ↓ 股东认缴出资 ↓ 申请登记 ↓ 公司成立	发起人订立协议 ↓ 名称预先核准 ↓ 制定章程 ↓ 发起人认购股份缴纳出资 ↓ 选举董事会、监事会 ↓ 董事会申请登记 ↓ 公司成立	发起人订立协议 ↓ 名称预先核准 ↓ 制定章程 ↓ 发起人认购股份缴纳出资 ↓ 制作招股说明书 ↓ 签订承销协议和股款代收协议 ↓ 申请批准募集 ↓ 募集 ↓ 召开创立大会 ↓ 选举董事会、监事会 ↓ 董事会申请登记 ↓ 公司成立

股东权利	
股东权利	**具体内容**
资产收益权	请求公司向自己分配利润
剩余财产分配权	对公司解散、清算后的剩余财产获得分配
股权转让相关权利	股权转让权
	优先购买权
	异议股东股份回购请求权

股东的义务	
股东义务	**具体内容**
出资义务	足额缴纳出资
	不得抽逃出资
	不得虚假出资
	出资有瑕疵的，应消除瑕疵或赔偿公司损失
善意行使权利	遵守法律、行政法规和公司章程
	不得滥用股东权利
	不得滥用公司法人独立地位和股东有限责任